日本世代標籤

MIYA
茂呂美耶

目錄

目錄

2000
平成十二年

2009
平成二十一年

以下標籤主要針對生於一九八〇年至一九八九年的日本人

目錄

目錄

1990
平成二年
1999
平成十一年

以下標籤主要針對
生於一九七〇年至一九七九年的日本人

目錄

1980
昭和五十五年

1989
昭和六十四年／平成元年

以下標籤主要針對生於一九六〇年至一九六九年的日本人

目錄

1970 昭和四十五年 — 1979 昭和五十四年

以下標籤主要針對生於一九五〇年至一九五九年的日本人

目錄

1960
昭和三十五年

1969
昭和四十四年

以下標籤主要針對
生於一九四〇年至一九四九年的日本人

目錄

初版前言

十八世紀之前，地球上所有國家幾乎都一樣窮，近三百年來才出現貧富差距。某些國家之所以能擺脫貧困成為富國，在於國家不會沒收老百姓努力賺得的私財，官民一致積極引進其他先進國的技術與制度；那些無法擺脫貧困的國家，很多是自閉國，不讓國民汲取先進技術或國外知識，導致該國老百姓若想出人頭地，只能選擇軍職或官職，靠職權大飽私囊。

日本也是因積極吸收新知而成為富國。據日本內閣府民意調查，一九七〇年代起，有九成以上的日本人認為自己是小康人家，亦即「一億總中流」現象。然而，有專家指出，二〇〇五年起，日本社會開始出現貧富差距現象，「窮忙族」（working poor，**在職貧窮**）有增無減，這些族群雖擁有固定工作，收入卻不足以養家，

「一億總中流」現象歸於泡影，整個社會逐漸分裂為貧、富兩層。年輕人是貧困層，老年人是富裕層，這是高齡化引起的社會問題，財富幾乎全集中在六十代、七十代人手中。

日本年輕人甚至帶頭掀起「嫌消費」狂潮，全體在不自覺中以拒絕購買奢侈名牌商品、不消費行動對眼下這個社會提出無言的抗議。某些經濟專家在經濟雜誌撰文批評這些「嫌消費」族將引領國家走向滅亡。我個人雖認為這些經濟專家言之過甚，杞人憂天，不過在我兒子身上的確可以看出「嫌消費」現象並非傳媒小題大作，而是不爭的事實。

舉個簡單例子，某年我家大兒子過生日，我想買個名牌手錶送給他當生日禮物，不料他竟一口婉拒。我本來打算以生日禮物為藉口，留個高價手錶給他當紀念品，待他日後步入老年期時，能有個「媽媽留下的生日禮物」以緬懷往事。他卻回我說：「我們這代人不流行戴手錶也不流行開車。手機正是手錶，走路比開車環保。」

我當時覺得很奇怪，以大兒子就業的企業規模和他的年薪來說，他與同一年進公司的同事應該都有能力穿戴名牌服飾或開輛名牌汽車，至少錢包內也該有張

金卡。但我兒子不但沒有金卡，也不戴手錶，身上穿的亦非名牌服飾，而是新興的「廉價名牌」裝。從他住的單身公寓到職場，搭地鐵僅三站，他每天徒步上下班，說這樣不但可以避開擁擠時刻的地鐵人潮，亦可健身，一舉兩得。

我問他：「那你們都把錢花在哪裡？」他說，已婚者把錢花在家庭，單身族都加入公司的工資存款制度，每個月的工資除了各種稅金和福利保險金，還會被扣掉存款額，實際領取的現金並非含稅工資表上的數額。往昔的我也是上班族，當然明白這道理，可是，即便如此，他們手頭應該仍很寬裕。結果他說，他們公司那些未滿三十歲的男子單身族流行組織「追追追會」。

我聽得莫名其妙，什麼叫「追追追會」？原來是旅遊，而且是每年鎖定一個目標，以東京為中心點，在國內東南西北到處追。至於追什麼呢？答案很有趣，例如前年追的是煙火大會，從北海道至九州，全國各地的著名煙火大會都追過；又例如去年追的是祭典，且非一般常見的祭典，而是鎖定全國各地著名的火祭。其他另有各式各樣的目標。總之，旅遊方式跟上一代人完全不同，他們只追鎖定目標，就算一群人結伴到北海道旅遊，也不會去一般旅遊雜誌介紹的觀光勝地。

聽兒子這般說明，我想起最近流行的「歷女」和「鐵子」。前者指喜愛閱讀

日本歷史相關書籍並前往全國各地史跡旅遊的女子，據說她們的市場可能擴大至七百億日圓；後者則指鐵道迷女子。

「歷女」和「鐵子」都是二十、三十代女子，她們也是鎖定特定目標東奔西走，而這些鎖定目標到處旅遊的年輕男女，活動範圍均在日本國內。有專家表示，中國、韓國年輕人走的是往昔日本年輕人走過的路線，追求名牌商品、嚮往豪華汽車及花園別墅；但美國和歐州先進國的年輕人則以「酷日本」為指標，跟在現代日本年輕人之後亦步亦趨，目前也在悄悄盛行「嫌消費」風潮。

自從大兒子婉拒我買高價生日禮物給他後，我開始關心日本現代年輕人的潮流及意識趨向，並積極與左鄰右舍的二十代、三十代單身子女聊天，從中得悉他們對職場、戀愛、婚姻、人生等看法。這才發現日本現代年輕人確實在進化，但他們的進化過程並非我熟悉的方向。我們這一代乃至上一代人的進化，是追求物質生活更上一層樓的「前進」，由簡樸趨於奢侈，由低處往高處爬；他們的進化卻是另類的「退化」，由奢侈趨於簡樸，由向前看轉而向後看。

於是，我動筆寫了這本書，從二十代的年輕人逐步回顧至七十歲以上的老人世代。倘若人生有八十年，類似一輛牽引八個車廂的火車，我的年齡正處於第五

輛車廂的前排，剛好可以顧後瞻前，既能看到前面車廂內的樣子，也能看到後面車廂的人到底在幹嘛。雖然我坐在第五輛車廂前排，卻因為我身邊有各世代的人，正如在車廂內叫賣吃食飲料的推車小販，可以前前後後到處走動。

寫完後，我再度觀看前面的車廂時，突然陷於一種既視感。前面車廂的人跟江戶時代的人非常類似，他們似乎穿越時空跑到江戶時代了。日本傳媒危言聳聽的貧富差距以及下層階級社會，似乎也不存在。日本於戰後便拆除所有階級之分，目前大概只有天皇家能與西方國家所謂的上流階級並肩，而西方國家所謂的下層階級，也就是體力勞動者，在日本並非必定是貧困層。如此看來，日本確實是「一億總中流」國家，大部分國民均為中產階級。就此意義來說，加拿大、韓國、愛爾蘭、瑞典等均是「總中流」社會國家。

日本年輕人世代中確實有一群收入較低的人，但與其他國家真正的下層階級比之，根本不足以顧影自憐。他們即便收入再低，也能當不愁吃穿的「家裡蹲」或跑到其他國家成為無業遊民的「海外蟄居族」，這算哪門子的下層階級？何況他們的父母或祖父母那代人，懷中摟著不少資產，除非上一代人長生不老，否則這些資產總有一天會落到下一代人手中。

真正令人擔憂的是「孤獨死」與「孤族」、「無緣社會」等這幾項社會問題。東京二十三區每天平均有十名「個族」、「孤族」於死後數天數週甚至數個月才被人發現遺體的「孤獨死」例子，且以男性居多。這些「孤族」男性並非舉目無親的天涯孤客，也並非無子女可投靠的高齡者，只因生前與老家或子女、鄰居毫無交流，過著孤獨日子，最後以「孤獨死」結束人生。日本在高度經濟成長那段時期，地方城市的年輕人為出人頭地，紛紛離鄉背井前往大都市就業。有些人無所作為，逐漸與老家失去聯繫，甚至與兄弟姊妹斷絕關係；有些人在子女成家立業後，老來失去老伴，卻不聽子女勸導，依舊固守獨居生活，最後一個人孤零零地死去。這正是日本從一無所有的戰敗廢墟國一飛沖天成為富國，卻在半個世紀後所迎來的後果。

總結說來，由年輕人在前面開路的日本社會火車頭，到底將駛往哪個方向？老實說，我也無從預知。

當雄性遇上雌性

二〇二一年新版前言

這世上有男有女，有雌有雄，兩者共存於同一個時空，相互吸引，進而配對。男子為了自己所鍾情的女子，費盡心思絞盡腦汁，希冀對方答應自己的約會邀請；女子也為了自己所暗戀的對象，盯著手機整夜難眠，期盼對方在 line 傳來一句「晚安」。

可是，仔細想想，為什麼這世上有男有女，有雌有雄呢？無論在空中飛翔的鳥類，水中翱遊的魚貝，土中穿行的蟲子，風中搖擺的植物，都碰巧有雌雄公母兩性。為什麼大多數生物都存在著這兩種性別呢？

原始生物沒有性別之分，牠們採用細胞分裂或斷裂肢體的無性生殖方式，繁衍後代，只是這種繁衍方式很容易因基因變異而導致物種絕滅。為了生存並讓後

代多樣化，單細胞生物（例如草履蟲）開始與其他蟲體進行接合繁殖，彼此交換遺傳信息，形成新的細胞核。據說這可能就是雌雄分化的起源。之後又出現了雌雄同體的物種，再經過長久歷史的演化，雌雄各自獨立為單一性別的個體。有了雌雄之分後，繁衍方式變成有性生殖，不僅讓這個世界多采多姿起來，也讓兩性關係複雜到連造物主都無法掌控的地步。

大刀螳螂雄蟲為了傳宗接代，寧可冒著被吃掉的危險，也要與雌蟲配對。全身漆黑的大華美天堂鳥，在求偶儀式中，孔雀開屏似地豎起新月形披肩飾羽，展開鮮麗的亮藍色圍兜胸羽，現出一雙與胸羽同樣顏色的眼班，拚死拚活大跳著半圓舞，只為了贏得雌鳥歡心。雄章魚在進行交配時，會扯掉自己用來交配的生殖器交接腕，讓其留在雌章魚體內，之後開始絕食，於數天內死去。就連雌雄同體的動物，也會想盡辦法讓對方扮演雌或雄，再進行交配；同樣是雌雄同體的蚯蚓，則比較實際，懂得互相幫助，彼此同時傳送精液給對方，並同時受精。

大抵說來，雄性沒有選擇權，他們存在的最大理由是「播種」，雌性才是生物界的主體，更是推動所屬物種演化的火車頭。雄孔雀之所以拖著有礙逃命但美麗的尾羽，是因為雌孔雀喜歡這樣的雀屏；柄眼蠅雄蟲後代的眼柄愈來愈長，也

是因為雌蠅愛與眼距寬的雄蠅交配。至於雌性的審美偏好究竟因何而來？沒有人知道答案，這在演化生物學界仍是個解不開的謎。

雄性為了留下自己的基因，會費盡心思儘量吸引雌性，造成一夫多妻的結果；雌性為了產下競爭力更強的後代，會對雄性精挑細選，只求雄性提供品質良好的基因。而人類是社會性動物，人類的後代又是那麼的孱弱，須要父母雙方協力撫育，一方外出覓食，另一方守住家園，於是形成一夫一妻制。男人負責安全的居所以及豐富的食物，女人忙於照料撫育下一代。男人為了確保子女確實具有自己的基因，會儘量挑選生殖能力強的年輕女性；女人為了讓下一代勝過物競天擇的規律，會挑選有房有車有鈔票的男人。

然而，男女的性別差異令兩性關係很難處理，社會變遷也會影響到兩性關係。不同的民族，不同的文化背景，不同的生長環境，均有可能影響到兩性的相處關係。即使是同一個民族，生長於同一個時代，也會因原生家庭背景不同而影響到戀人或夫妻關係。

今日，科技的進展令我們明白，亞當是從夏娃身上抽出來的肋骨。可是，這世上如果沒有了亞當，造物主很可能會覺得日子很無聊。

2010 平成二十二年

2019 平成三十一年／令和元年

以下標籤主要針對生於一九九〇年至一九九九年的日本人，
占二〇一九年十月日本總人口（不包括任何外籍人士）百分之九．五

大事年表

2010

2月 希臘政府破產，引發歐債危機。

4月 美國蘋果公司平板電腦第一代 iPad 面世；

日本公立高校學費無償化。

6月 菅直人內閣成立；

在宇宙中旅行了七年的日本「隼鳥號」探測器返回地球。

7—8月 巴基斯坦洪災，五分之一國土以及十分之一人口的一千八百多萬人受災。

11月 南韓與北韓發生「延坪島炮擊事件」；

緬甸翁山蘇姬獲釋。

12月 突尼西亞爆發「茉莉花革命」，引發「阿拉伯之春」革命浪潮。

日本年度漢字 暑

2011

2月 日本GDP退為全球第三。

3月 發生東日本大震災（M9.0），罹難者及行蹤不明者數高達一萬八千四百多，是日本史上傷亡最慘重，經濟損失最嚴重的自然災害之一。

5月 伊斯蘭教激進派恐怖組織領導人奧薩瑪‧賓拉登遭暗殺身亡。

7月 國際足總女子世界盃於德國舉行，日本隊第一次奪冠。

9月 野田佳彥內閣成立。

11月 蘋果電腦公司創始人之一史蒂夫‧賈伯斯病逝。

12月 朝鮮最高領導人金正日去逝，後繼為金正恩；伊拉克戰爭結束。

日本年度漢字 絆

2012

4月 中東呼吸症候群（MERS）疫情爆發。

5月 東京晴空塔正式啟用。

7月 英國倫敦奧運會。

9月 日本厚生勞動省公布，一百歲以上的長壽者高達五萬多人。

11月 習近平就任中華人民共和國主席。

12月 安倍晉三內閣再度成立；南韓出現首位女性總統朴槿惠。

日本年度漢字 金

2013

4月 英國第一位女首相柴契爾夫人去逝。

7月 埃及爆發政治暴力。

8月 紐西蘭同性婚姻合法化。

12月 南非首位黑人總統納爾遜·曼德拉去逝；

日本料理（和食）成為聯合國教科文組織認定的世界非物質文化遺產。

日本年度漢字 輪

2014

2月 俄羅斯索契冬季奧運會。

3月 馬來西亞航空 MH 370 號班機失蹤事件；

台灣發生「太陽花學運」（占領國會事件）；

俄羅斯從烏克蘭吞併克里米亞半島。

4月 日本消費稅從百分之五增至百分之八；

韓國發生「世越號沉沒事故」。

5月 泰國發生政變。

7月

俄羅斯擊毀馬來西亞航空十七號班機。

9月

葉門發生政變；

香港發生「占領中環事件」及「雨傘革命」；

蘇格蘭舉行獨立公投，半數以上反對獨立。

11月

日本演員高倉健去逝；

美國「世界貿易中心一號大樓」（1 WTC）竣工，原址為「九一一襲擊事件」中倒塌的世貿雙子星大樓。

日本年度漢字　**稅**

2015

1月

武裝組織「伊斯蘭國」（ISIS）綁架兩名日本人，並在網路公開要求日本政府於七十二小時內支付二億美元贖金的影片，最後人質遭斬首。

3月

新加坡總理李光耀去逝。

4月

一架載有微量輻射物質的小型無人機，墜落於日本首相官邸房頂，此事件促使日本政府改正了航空法及小型無人機飛行禁止法。

7月

「古巴解凍」，古巴與美國政府久違五十四年恢復外交關係。

10月 日本政府施行「My Number／個人番號」法（數位身分證）。

12月 巴黎襲擊案，一三〇人遇難，三百多人受傷。

日本年度漢字 安

2016

1月 蔡英文當選台灣首任女性總統。

3月 北海道新幹線開始營運。

4月 日本電力市場自由化。

5月 「巴拿馬文件」被公布。

6月 英國脫歐公投，半數以上選民選擇離開；

日本總務省公布，六十五歲以上人口超過總人口的四分之一。

7月 手機遊戲《精靈寶可夢GO》登場；

土耳其發生政變。

8月 明仁天皇發表電視演說，正式向全國國民表達生前退位的意向；

巴西里約熱內盧夏季奧運會；

新海誠編劇執導的《你的名字》上映。

12月 日本偶像男子組合ＳＭＡＰ正式解散。

日本年度漢字　金

2017

1月 唐納・川普就任美國第四十五代總統。

2月 北韓現任最高領導人金正恩同父異母的兄長金正男，於馬來西亞吉隆坡國際機場二號航廈遇刺身亡。

6月 日本厚生勞動省公布，二〇一六年出生的兒童數僅有九十七萬多人，一八九九年施行統計調查以來首次未滿一百萬。

9月 日本宮內廳宣布真子內親王（上皇明仁的第一個孫女）與大學同學小室圭訂婚，後因小室家醜聞連連，婚禮延期至今。

日本年度漢字　北

2018

1月 韓國江原道平昌郡冬季奧運會。

4月 南（文在寅）北韓（金正恩）高峰會。

6月 北韓（金正恩）美國（川普）高峰會；

日本《民法》修正案成立，二〇二二年四月起，成人年齡將由二十歲下降至十八歲。

9月 颱風二十一號（強烈颱風燕子）在四國德島縣南部及兵庫縣神戶市登陸，給關西國際機場帶來一九九四年啟用以來最慘重的災情，三千名旅客及兩千名相關工作人員困守機場一夜；

北海道膽振東部地震，最大震度七，四十三人死亡，七八二人受傷；

日本流行音樂樂壇女王安室奈美惠引退。

10月 東京中央區築地市場正式關閉，新市場轉移至江東區豐洲市場。

11月 法國爆發「黃背心運動」。

日本年度漢字 災

2019

1月 日本政府開始徵收「國際觀光旅客稅」（出國稅），不分國籍，從日本離境的旅客皆須繳一千日圓稅金。

3月 職業棒球選手鈴木一朗（Ichiro）正式宣布退役，結束其職棒生涯；香港爆發反對《逃犯條例修訂草案》運動。

4月 日本第一二五代天皇明仁退位。

5月 日本第一二六代天皇德仁即位，年號由「平成」改為「令和」。

7月 發生「京都動畫縱火案」，三十六人死亡，三十五人受傷；中華人民共和國前總理李鵬去逝。

10月 日本消費稅由百分之八升為百分之十；沖繩縣那霸市首里城發生大火，正殿等六棟建築物全毀。

12月 日產汽車會長兼社長的卡洛斯·戈恩，藏身於樂器箱中，利用私人飛機，棄保潛逃至黎巴嫩；澳大利亞同性婚姻合法化。

日本年度漢字 令

イクメン ikumen

育嬰男、奶爸（讚美詞）

「育嬰男」是「育嬰的男性（man）」略語，從「イケメン」（ikemen，型男、帥哥）變化而來，相當於中文的「奶爸」。

比起心不甘情不願於下班或休假日幫忙帶小孩的丈夫，「育嬰男」不但會主動申請育嬰假，並敢於公開表明在家很樂於帶小孩，包括眼下雖無法協助妻子育嬰，但希望日後可以成為奶爸的男性。這詞自千禧年起逐漸浮出檯面，最終於二〇一〇年擠進日本新語流行語年度大賞前十名獲獎名單中。

日本自昭和時代以來，育兒觀念一直停在「那是女性的專業」上，因此日本男性缺乏自己也是養兒育女的當事者的概念，他們認為，只要定期拿薪水或家庭生活費用回來，便完成了一家之主的責任。即使有人於下班或假日幫忙抱孩子或陪寶寶玩，也是懷著一種「我是好心幫忙妻子」的心態，正如有些丈夫以為出門上班時順便扔一袋垃圾就等

於「我有在做家事」一樣。

現代的日本已婚職業女性，在帶薪產假期間分娩後，會接著申請無薪（或帶薪）育嬰假進行育兒。男性其實也可以利用「育兒修業給付金」制度申請帶薪假，在家與妻子一同養育孩子，怎奈積極申請育嬰假的日本男性少之又少，才會出現「育嬰男」這個讚美詞。其實日本男性若利用「育兒修業給付金」制度，直至孩子滿半歲為止，休假期間可以領取停工前的百分之八十（包括免去的稅金及社會保險費用）薪金，條件相當不錯。

二〇一〇年六月，當時的日本厚生勞動大臣為了減輕少子化問題，在國會發言說「很想讓育嬰男這個詞流行起來」，而且為了促進男性積極申請育嬰假，起動了「育嬰男專案」，這詞便在一夜之間廣泛傳開。當時，約有八成的日本女性請了育嬰假，卻僅有百分之一點二三的男性成功請到育嬰假，與將近九成的瑞典育嬰爸爸，七成四的冰島育嬰爸爸比之，這數字確實低得可憐。

過去，約有七成的日本女性會在生第一胎時辭職，選擇在家專心當全職主婦，「育嬰男專案」對策推出後，外加社會潮流變化，辭職的人確實日益減少。根據日本厚生勞動省調查，一九八〇年時，日本的雙薪家庭約有六百萬戶，之後，逐年增加，二〇一四年增至一千一百一十四萬戶。也就是說，現代的日本女性已不會在懷第一胎時辭職，她們

會利用產假與育嬰假暫時守在家中帶孩子，等孩子可以送進托兒機構時，再度回歸職場，死守住企業正社員可以享受的那份優渥福利。厚生勞動省資料顯示，一九九六年時，利用育嬰假的女性不及半數，二〇一六年則升至百分之八十左右。

相較之下，渴望取得育嬰假的日本男性雖然不少，卻礙於此舉會導致薪資下降、公司評價降低、職場同事另眼看待等理由，實際取得育嬰假並踐行「育嬰男」的男性少之又少。「育嬰男專案」推出後的二〇一一年，「育嬰男」比率增至百分之二．六三，二〇一六年超過百分之三，二〇一七年增至百分之五以上。數字看似逐年增加，但一百人中只有五人實際成為「育嬰男」的話，這不是恰好足以證明，日本社會仍擺脫不了「育兒護理工作應該讓女人來做」的傳統觀念嗎？

愛上男 アイウエオ aiueo

很會談戀愛的男性

記得第一次在電視節目中看到這個詞彙時，我以為是「愛上某某男」之類的形容詞，

經節目主持人說明後，才明白原來是日文「恋愛上手な男性」（很會談戀愛的男性）（「上手／じょうず／zyo-zu」是「擅長」之意）的略語，換句話說，是情場老手，戀愛能手。發音很簡單，就是日文五十音中第一段母音的「阿依嗚欸喔」。在二〇一三年的調查資料「看不懂的年輕人用詞」名單中，位列榜首。本來認為這類一時興起的年輕人網路用詞，應該早已被打入冷宮，成為死語（廢詞），慎重起見，再度上網一查，才發現日本的線上百科全書竟然收入了這個詞。

繼續查下去，又發現發音同樣是「阿依嗚欸喔」，漢字卻寫成「愛飢男」這個詞的用法比較有趣。顧名思義，「愛飢男」是「渴望愛情的男人」，說白一點，就是沒人愛的男生，通常用來當自己的網路暱稱或網路小說筆名，是一種帶有自虐性質的自稱。坦白說，我第一次看到這個詞時，噗哧大笑出來，總感覺這個自稱很可愛，真想問對方：「你對愛情到底飢餓到什麼程度呢？」

ヘビ顔男子

へびがおだんし
hebigao danshi

蛇顏男

日本時尚雜誌《ViVi》於二〇一三年六月號刊出特輯「目前正廣受喜愛！蛇顏男子」，表示這是型男帥哥的新定義，並列出不少著名男明星例子，令這個詞廣泛傳開。

像我這種經歷過泡沫經濟時代的人，都知道八〇年代後半的日本，曾瘋狂流行過用調味料名區分型男帥哥的稱號。最常見的稱號是「醬油顏」和「醬料顏」，前者的代表男演員是木村拓哉、東山紀之、及川光博、瑛太、小栗旬、二宮和也、小田切讓等人，前職業棒球選手鈴木一朗也是「醬油顏」；後者的代表男演員則為阿部寬、北村一輝、山田孝之等人。這兩種類型剛好成鮮明對比，很好分辨，一是長型臉、長型鼻、五官清爽的「和風男」，另一是濃眉大眼、五官鮮明，看似混有西方或東南亞血脈的長相，其實是百分之百的大和男子。

後來又出現「鹽顏」，就是比「醬油顏」更淡薄、更清爽的五官，特徵是皮膚白皙、細眼，看上去弱不禁風，但凸起的喉結和鎖骨卻又結實得很，身材高高瘦瘦，身上沒有

贅肉，該有的肌肉都有。代表男演員是向井理、綾野剛等。之後又出現爬蟲類的「蛇顏男」，特徵是臉小、左右眼之間的距離較遠、單眼皮三白眼、適合穿窄身衣，給人如無機物的冷淡印象，散發一股無以形容的性感，代表男演員是綾野剛。看雜誌文章如此描述「蛇顏男」特徵，我有點懷疑，這應該是時尚雜誌編輯部為了讓雜誌大賣，而二〇一三年剛好是蛇年，於是定義出「蛇顏男」的特徵，再列出眾多有人氣的男演員名單。「蛇顏男」代表男演員是綾野剛、松田龍平＆翔太兄弟等。

說穿了，現在的時尚雜誌只是模仿泡沫經濟時代的雜誌所創出的型男稱號，而且始終在「醬油顏」範圍內加以詳細劃分而已。畢竟日本人是東方人，很難找到眉骨突出、鼻樑高挺、眼神深邃、下顎尖翹，渾身散發濃郁氛圍的男子，除了前面提過的在《羅馬浴場》扮演古羅馬人的阿部寬，在《貓侍》飾演懷中摟著白貓「立斬立斬立斬」的北村一輝，以及年輕時演過溫柔純真的被虐小男生，後來又飾演粗曠頹廢風大叔，二〇一九年又給 Netflix 演了一部連續劇《全裸監督》（AV帝王），身價暴漲了三倍的山田孝之，另有創作歌手平井堅。最近又出現一個本來在日本默默無聞，近年來紅得很的 Dean Fujioka（藤岡靛）。

ロールキャベツ男子

ro-rukyabetsu dansi

高麗菜捲男

「高麗菜捲」是日本家庭餐桌很常見的一道菜，冠上這道菜名的「高麗菜捲男」，意指外表看上去像是斯文老實的草食男，其實內在是個不折不扣的肉食男，就像高麗菜捲那般，外層是清爽的高麗菜，裡頭包的卻是豬絞肉。說好聽一點是「深藏不露」，說難聽一點是「悶騷」，典型的披著羊皮的野狼。

就女生的立場來說，這種男子相當危險，平時看似對異性不感興趣，一切隨緣的佛系男生活態度，但若有單獨和女子約會的機會，便會來個態度大轉變，出人意表地把妳逼到牆邊，再伸手咚一聲靠在牆上，讓妳無處可逃——這動作叫做「壁咚」（壁ドン／kabedon）——然後向妳告白，或乾脆直接給妳吻了下去。

對女生來說，這種表裡不一的反差萌，反倒成為一種無以抗拒的魅力，令妳呆呆墜入他所編織的情網中。

アスパラベーコン男子

asuparabe-kon danshi

蘆筍培根男

「蘆筍培根捲」也是日本家庭餐桌很常見的一道菜，冠上這道菜名的「蘆筍培根男」，意思剛好和「高麗菜捲男」相反，意指外表看上去像是征服慾強烈的肉食男，其實內在是個百分之百的草食男，就像蘆筍培根捲那般，外層是切成薄片的煙燻豬肉，裡頭捲的卻是鮮脆爽口的蘆筍。一是菜包肉，另一是肉包菜。

由於外表看上去像是男子氣概十足，內面卻是善解人意，積極幫人解圍，所以在同性間很有人緣，經常有人找他們商量事情或吐露心事，宛如同性間的參謀長。然而，碰到真正需要下決斷的時刻，他們往往又猶豫不決，優柔寡斷。

對女生來說，這種虛有其表的反差萌，反倒形成一股巨大的吸引力，令妳如蜂似蝶，聚集在他們身邊追來逐去。

女子会
じょしかい
joshikai
女子會

日語的「女子」這個詞，相當於中文的「女生」，往昔多指少女或學生，然而，二十一世紀的今日，日本社會不但稱呼成年女性為「女子」，日本的成年甚至熟年老年女性也積極稱自己為「女子」。專家分析，日本女性在無意識中通過自稱女子這種行為，欲圖不著痕跡地粉碎傳統價值觀的賢妻良母枷鎖。專家說得很對，試想，賢妻、惡妻、良母、毒母、不婚、離婚、失婚、生子、不生、少女、熟女、宅女、剩女、老婦，通通都是「女子」的話，這個社會是不是會比較單純一點？女性的笑聲是不是會豪爽一點？

顧名思義，「女子會」正是女生們聚集一起吃飯、喝茶、喝酒等活動，簡單說來，是只限女性參加的八卦（資訊交換）聚會。

二〇〇八年起，「女子會」這個詞便在日本的各種時尚雜誌中陸續出現，但當時仍只是時尚世界中一個抽象性的概念詞而已，在現實社會中不成氣候。二〇〇九年，由MONTEROZA所經營的居酒屋連鎖店「笑笑」（warawara），與免費的優惠券月刊雜誌「Hot Pepper」，聯手推出專為女性設計的酒宴套餐「笑笑女子會」，此舉不但廣受好評，更開闢出前所未有的新市場。

本來，一般人對居酒屋酒客的印象是純男性或男女混合團體居多，但實際上，家庭主婦或女大學生、職業女性也是居酒屋酒客之一，只是在數量上相對來說，極少而已。優惠券雜誌和居酒屋的合作負責人，針對這些原有客戶，給她們貼上一個「女子會」標籤，打算誘出另一批潛在客戶。沒想到，這個標籤竟成為日本女性於夜晚也可以堂皇正大進出燈紅酒綠區的通行證，被誘出的何止是另一批？幾乎可以說是解放了所有的日本雌性族群。

MONTEROZA的成功，令其他各式餐飲業公司也相繼仿效，「女子會」這個詞也迅速廣泛傳開，普及於社會大眾。二〇一〇年，入圍新語流行語年度大賞前十名，獲獎者是MONTEROZA社長。

根據調查，日本職業女性參加「女子會」的次數相當頻繁，一個月至少參加一次以

上的人，竟然多過半數。女性召集「女子會」的目的，在於可以彼此坦白說些真心話或分享些小祕密，最大優點應該是可以取得共鳴，同時釋放平日在職場或家庭中日積月累的不滿與壓力。比起男性，女性的聚餐方式非常多，除了純粹的飯局，另有飲茶、甜點、購物、看電影、聽音樂會、看戲等。

オヤジ女子会 じょしかい joshikai 大叔女子會

「オヤジ女子会」（大叔女子會）意指「特地挑選中年男性酒客居多的餐飲店或酒館召開酒宴的女子會」，有時會簡稱為「おやじ会」（oyajikai／大叔會）。她們不會挑選時髦咖啡廳或高級居酒屋，而是聚集在大眾居酒屋或是鐵路高架橋下的路邊小酒店，左手握著一大杯生啤酒，右手拿著一支雞肉串燒，隨心所欲地高談闊論，各抒己見。幾杯黃酒下肚，甚至會恣無忌憚地開起黃腔，講起黃段子。

平成時代尾聲的日本男性上班族，於下班後相邀一起去喝酒的機會愈來愈少，居酒

屋以及餐飲店只能將矛頭指向女性上班族，提供形形色色的「女子會」酒宴菜單，甚至設計出女子專用房間，讓女性上班族可以無所顧慮地大吃大喝、大唱大舞。

近幾年，日本的夏季酷熱無比，據說，百貨公司、飯店、商業大廈的頂樓露天啤酒庭園，幾乎都被「女子會」所占據。露天啤酒庭園是日本不可或缺的夏日風情之一，甚至是日本俳句的季語之一，特點是只限夏季營業的有限期間、露天的開放感、種類豐富的酒餚菜色，以及夜色、月光、音樂、煙火等條件所構成的非日常感。

昔日的露天啤酒庭園，酒客幾乎清一色都是上班族大叔，因而別稱「大叔的綠洲」（**オヤジのオアシス**／oyaji no oashisu）。歲月流逝，如今，露天啤酒庭園的酒席擠滿了各色各樣的「女子會」，其中，又不乏不拘小節的大叔系女子，或大大咧咧的女漢子男人婆，難怪某些美食評分網站會出現這樣的感想：「最近參加的酒宴都是大叔女子會，更經常闖進新橋、神田那一帶的大叔聖地，酒宴前大家都覺得有點心虛，酒宴後卻又想再來一次，啊啊啊，日本的大叔們，請原諒我們這些故意誤闖聖地的女子！」

銭湯女子会 せんとうじょしかい sento- joshikai

公眾浴場女子會

「銭湯」（せんとう／sento-）是日本的公共澡堂，往昔是家中沒有浴室的人前去泡澡的地方，現代是即便家中有浴室，也有不少人帶著一家老少前往「超級澡堂」（スーパー銭湯）玩樂一整天。「超級澡堂」不但有溫泉，另有各種按摩池、電氣池、冷水池、適合兒童泡澡的淺水池、三溫暖、藥浴、露天池等，還有餐廳、按摩設施、閱讀沙龍區、網吧、酒吧、午睡室、健身室、兒童遊戲室、美容院等，泡澡、按摩、養生、ＳＰＡ、美食、美酒，一次完成。

在「超級澡堂」召開的女子會便是「銭湯女子會」。有些近似健康養生會館的澡堂不限時間，可以在星期五下班後直至週末上午，一整夜都窩在澡堂內，日文稱為「銭湯オール」（sento-o-ru），花費不會超過一萬日圓，在感覺上很接近小旅行。二〇一〇年代後半起，澡堂通宵女子會風氣盛行，如果不打算通宵，只選擇深夜時段，花費更便宜，三四千日圓即可抒發積壓了數天的工作壓力或負面情緒。

大人女子

おとなじょし
otonazyoshi

大人女子

日語的「大人」（otona）和中文的「大人」，意思一樣，都指成年人，但二〇一三年起頻繁出現在日本時尚雜誌中的「大人女子」這個詞，絕對不等同於成年女性。雖然日本法律規定成年人年齡是二十歲，但是，剛滿二十歲的女生並非「大人女子」。這裡的「大人」，年紀比法定成人年齡高許多，說穿了，就是阿姨、歐巴桑、大媽、大嬸，或是熟女。只是，到底該從幾歲算起呢？三十五歲？四十歲？四十五歲？這問題很難解答，畢竟，各人有各人的看法，首都都市圈居民和地方都市圈居民的意識各不相同，城鎮區住戶和農村區住戶的見解也截然有異。不過，就目前的日本社會規範來說，「大人女子」泛指已經脫離「少女」稱呼的三十歲以上的女性。

二〇一五年一〇月至十二月，日本富士電視台於「木曜劇場」（週四 22:00～22:54）時段播出的《大人女子》（オトナ女子），劇中那三位女生（篠原涼子、吉瀨美智子、鈴木砂羽）的人設年齡都是四十歲。中文節目名稱在台灣是《熟女正青春》，在港澳則直接用日文的《大人女子》。就我個人感覺，這部片子不適合用「熟女」這個稱呼，因為劇中那三位女

生都少了那麼一點點的色氣、風騷、懶散、放蕩，還是直接用原文的《大人女子》比較吻合，何況節目已說明描寫的是「即便上了年紀，看上去既年輕又可愛的成人女性」。

這部片子劇情充滿了昭和時代式的戀愛老梗，難怪收視率不高，若沒有篠原涼子養的那隻醜萌得令人想尖叫的喵星人竹輪（ちくわ／Chikuwa）的存在，我可能會中途棄劇。篠原涼子在劇中飾演一個社交遊戲 app 製作人，在向飾演編劇的江口洋介提出戀愛 app 企劃時，說：「可以讓我們這些 around 40 的人引起共鳴……」江口洋介聽了隨即甩回一句：「around 40？用普通說法的四十歲前後就行了。四十歲的女性已經不能稱為女子！」江口洋介的這句話應該正是日本社會男性大眾的看法。我記得當時看得咯咯大笑出來。

同樣描寫大齡女子的戀愛心歷過程，二十多年前的姊弟戀經典電視劇《長假》（ロングバケーション），女主角山口智子的人設年齡定位在三十一歲，而《大人女子》定位在四十歲，這可以解釋為日本社會規範已經抬高了對「歐巴桑」這個稱呼的年齡設定。二十多年前，三十歲可以說是百分之百的歐巴桑，但在今日，很少有人會認為三十歲是歐巴桑，不過，大概有很多人會認為四十歲女性十足是個歐巴桑。不用說，山口智子和篠原涼子絕對不是歐巴桑，她們是真正的「大人女子」。

刀劍女子

とうけんじょし
to-ken Joshi

近年來，日本刀劍世界湧起一股滔滔巨流，源泉是針對女性玩家所推出的刀劍擬人網頁遊戲《刀劍亂舞－ONLINE》（とうけんらんぶ - オンライン - ／to-ken ranbu online），奔騰的百川千流是「刀劍女子」。

《刀劍亂舞－ONLINE》的女性玩家，在遊戲中的身份是擁有喚醒刀劍力量的「審神者」（さにわ／saniwa／原為古代祭祀中傳達神明旨意的人），可以收集各種付喪神幻化而成的「刀劍男士」，進行強化及鍛造，然後組成隊伍出陣與敵人作戰。戰役地圖和敵方部隊以及遠征名稱，多取材自日本史的戰役或重要事件。

遊戲於二〇一五年一月上線後迅速走紅，之後不但有漫畫版、小說版、真人音樂劇、真人舞台劇、動畫版等跨媒體作品，二〇一九年一月甚至推出真人電影版。日本廣播協會ＮＨＫ針對此刀劍風潮，於二〇一八年十一月播出的歷史節目《歷史秘話》中，除了介紹日本刀近代史和現代鑄刀職人，還詳細講解了遊戲內容，並大力盛讚因遊戲而興起的「刀劍女子」族群，說她們不但掀起了日本刀熱潮，也給古代名刀注入新生命，並開

創出名刀朝聖觀光新商機。其他如博物館或神社主辦的刀劍展及刀劍講座，出版界的刀劍書籍等，掏腰包捧場的均是這些「刀劍女子」。

「刀劍女子」的力量有多大呢？

先來說說出版界。有一本以五十歲以上的男性為對象，發行量一萬冊，書名為《日本刀》的小眾書籍，於遊戲上線後重新設計了書腰，上面黑底紅字大大寫著「審神者大人必攜」，結果發行量驟增至九萬五千冊。大型雜誌書《別冊寶島日本刀》系列第二集，於二〇一五年一月上市後，連同前一年上市的第一集，銷量在短短一個月內便突破了二十三萬冊，半年之間累計售出三十二萬冊，若加上第三集的《日本刀圖鑑》，累計銷量據說高達四十六萬冊。這完全是名副其實的「刀劍亂舞」特需，但並非每一本跟風書都可以大賺特賺，曾經有一本跟風書因為誤植及多處內容錯誤，遭到「審神者」批判，導致出版社不得不在自家網站貼出謝罪文兼更正文。

再來說說群眾募資例子。有一把名為「蛍丸」（ほたるまる／hotarumaru）的來派大太刀，長四尺五寸（一三六・三六公分），刀身三尺三寸四分五厘（約一〇〇・三十五公分），相傳於鎌倉時代的一二九七年製成，刀匠是來國俊（Rai Kunitoshi），持有者是鎌倉時代末期南北朝時代的南朝武將阿蘇惟澄（Aso Korezumi）。這位武將在與足利尊氏（Ashikaga Takauji）的

戰鬥中敗陣，愛刀「蛍丸」刀刃嚴重受損，當天夜晚，他夢見眾多螢火蟲聚集在刀身四周修補刀刃，醒來一看，受損的刀刃已被修復，因此取名「蛍丸」。武將阿蘇氏在戰國時代末期滅亡，之後又以阿蘇神社大宮司身份再興家門，「蛍丸」成為神社寶刀。阿蘇氏在明治時代被授予男爵地位，「蛍丸」也成為傳家之寶。

一九三一年十二月，「蛍丸」被指定為國寶，二次大戰後卻丟失了，至今行蹤不明。二〇一五年十一月，岐阜縣關市刀匠與大分県竹田市刀匠，為了復原夢幻名刀「蛍丸」，聯手在網上公開募資。目標金額鎖定在五百五十萬日圓，期間是九十天，萬萬沒想到，正午開幕，下午五點便籌得目標金額，當天一天就募集到二千多萬日圓，最終竟然高達四千五百多萬日圓，是目標金額的八倍。最高出資者是《刀劍亂舞－ONLINE》遊戲製作公司社長，金額是二百五十萬日圓，社長於日後獲得一把復原刀。復原刀的公開募資例子不僅「蛍丸」，其他也有不少例子，資金全來自群眾，出資者大多是「審神者」，亦即「刀劍女子」。

總之，《刀劍亂舞－ONLINE》遊戲不僅帶動了原有的傳統刀劍文化，也捧紅了不少聲優和音樂劇及舞台劇演員。這些音樂劇和舞台劇演員，介於原著二次元和真人三次元之間，具有獨特魅力，通稱「2.5 次元俳優」，不僅在日本國內擁有一大群死忠粉絲，甚至發展至印度、中國、法國、港澳台等地。

プロ彼女

プロかのじょ
puro kanojo

專業女友

「專業女友」（プロ彼女）是日本隨筆專欄作家兼漫畫家能町 mineko 所命名的女友類型新詞。本來是帶有嘲弄語氣的貶義詞，後來經週刊雜誌及女性時尚雜誌故意改變其原有定義，逐漸轉貶而為褒。

話說二〇一三年九月，日本男藝人田村淳宣佈婚訊後，電視八卦節目和週刊雜誌在介紹其對象時，一律說成是演藝圈圈外人的「一般女性」。能町 mineko 對此說法、心懷疑問，在自己的週刊雜誌專欄文章中，向讀者說明這種女友類型為「專業女友」，不是真正的「一般女性」。其實早在三個月前的日本男演員藤原龍也公布婚訊時，能町 mineko 便在日本推特用了「專業女友」這個詞，當時引起不少迴響。

能町 mineko 最初的意思是，這類女性雖然被稱為「一般女性」，但她們為了獲得藝人的女友或妻子身份，以及隨之而來的財產與利益，使盡了渾身解數，徹底將自己包裝成呼之即來揮之即去的奴隸般的存在，這種能力與耐力絕非一般女性做得到的，因此她

們是披上一般女性外皮的狡猾的「專業女性」。日後，能町 mineko 在廣播節目中將這類專門獵取男性藝人的女性取名為「專業女友」。她們的條件是容姿端麗；只與藝人或運動員交往；即便曾經當過模特或藝人，也因為缺乏知名度，不用擔心被人肉搜索到；找不到她們的博客或社群網站的發言內容（在虛擬世界沒有留下任何個人主張或意見）；被媒體視為（或自稱）一般女性等。

之後，日本知名男演員西島秀俊於二〇一四年十一月公布婚訊，日本女性週刊雜誌《女性自身》在報導此婚訊時，故意扭曲「專業女友」本來的意思，誤用成「能為男人付出一切的專業級女友」、「完美無缺的女友」。翌年四月，日本女性時尚雜誌《ViVi》更安排了「專業女友」特輯，並刊出西島秀俊於婚前所列出的七項擇偶條件，說明這才是真正的「專業女友」條件。西島秀俊的七項擇偶條件是：

一、能體諒丈夫專注於工作時的任性。
二、不要求和丈夫一起去看電影。
三、擁有目標並努力朝目標前進。
四、不要求丈夫一直陪在身邊。

五、不要求丈夫理解女人的心情。
六、丈夫沒回簡訊也不會生氣。
七、一個半月沒有交談也不發怨言。

這項特輯不但惹怒了造詞人能町 mineko，也在網上掀起一場激烈論戰。網民之所以大怒，原因並非西島秀俊那七項擇偶條件，而是特輯的每篇文章都充滿了「為男人付出一切，凡事以男人為先」的封建時代女人美德禮讚味道。特輯中另有如何釣上金龜婿的指南。例如，現代一般女性給男友做飯時，可能只會做簡單的義大利麵或咖哩，外加一小盤生菜沙拉；「專業女友」則須擺出十道以上的傳統和食，如果男友覺得某道菜不合口味，不但要馬上道歉，還要立即下廚重做。

網上的反應是：「這算哪門子的釣金龜婿指南？」、「藝人或知名運動員就是金龜婿嗎？」、「女性一定要給男性做飯嗎？」、「什麼時代？江戶時代的女性也沒這麼窩囊！」、「少來了，我又不是你媽！」、「乾脆娶個廚師算了！」等等。

總而言之，日本男性藝人或知名運動員的結婚對象，即便媒體報導為「一般女性」，也絕非完全與演藝圈無關的真正一般女性，她們具備演藝圈知識，並擁有可以參加藝人

酒宴的資格或人際關係，是能夠放棄自尊，甚至壓抑自我的專業人士。而且因為當事人都自稱為「一般女性」，基於個人隱私權，媒體或狗仔隊不但不能跟蹤，更不能擅自拍照，這點對藝人來說，很是有用。

女子力 じょしりょく Joshiryoku

女子力

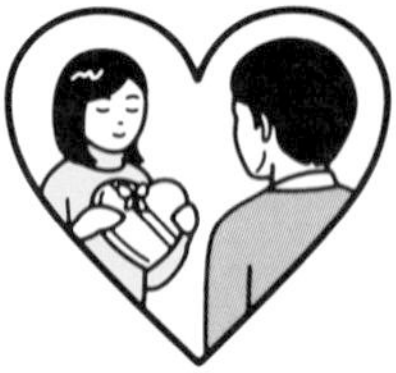

所謂「女子力」，簡而言之，就是女性提高自己的生活品味的能力，或者，女性用來顯示自我存在的能力。這個詞在二〇〇九年曾被列入新語流行語大賞提名名單，但沒有獲獎，當時，「草食男子」和「歷女」等新詞比較具有影響力。翌年二〇一〇年一月，日本企業Oricon公信榜發表了「今年最想掌握的〇〇力」前十名排行榜，結果，男性部門高踞榜首的是外語能力，第二名是經濟能力；女性部門的榜首則為「女子力」，外語能力居次。

近年來，「女子力」這個詞更加盛行，但似乎已經失去明確定義，女性時尚雜誌解

釋為女人味、女性化能力，以報導演藝圈八卦為主的女性週刊雜誌，則用在如何討好男人、如何駕馭男人之類的指南文章上。出版界和各地的文化中心，更積極出版或設置「如何增強女子力」主題的書籍及講習班，某些私立女子中學或大學附屬女子中學的招生簡章中，甚至強調積極施行能夠提高女子力的學習課程。

綜合各類雜誌或書籍的說法，「女子力」包括了細心、親切、體貼、溫柔等內在涵養，以及擅長做飯、擅長打掃整理房間、會縫衣、會編織等所有家事都得心應手的賢妻良母條件；另有很會化妝、很會穿衣服、很會保養、皮膚細膩、儀態優雅等外在條件；可能的話，最好還擁有能吸引異性並能駕馭異性的魔女魅力。

憑良心說，世上真有這種完美無缺的女性嗎？而且，這些條件並非日本男性的要求，而是日本女性自己給自己設定的目標。再試問一下普天之下的所有男性，假如你娶到這種老婆，你敢對天發誓，有朝一日，絕對不會憐新棄舊，與妻子反目成仇嗎？

想當年，日本女性時尚雜誌《MORE》，於一九八〇年首次針對日本女性施行性意識與性行動的問卷調查，問題多達四十五項，頁數長達八頁，得出的結果不但令日本男性暗吃一驚，也掀起了女性開口訴說「我也有性欲」、「我也會自慰」的社會現象旋風。

之後，一九八五年至一九九一年的泡沫經濟時代，出現了行動傍若無人的「歐巴桑軍團」

（オバタリアン），以及在社會與男性並肩甚至競爭的白領菁英女戰士「老爸辣妹」（オヤジギャル）。當時，無論媒體或現實生活中，備受稱羨的女性是女強人，是不巴結也不逢迎男性的女人，現代卻是「專業女友」走在時代先端，「女子力」市場前景不可限量。

再根據最新調查統計「有關女性活躍的意識調查2019」（索尼人壽保險公司施行），獲悉二十至三十歲的日本職業女性群中，想辭職成為全職主婦的人占半數以上。而實際的日本社會，全職主婦家庭只占全體的三成三（《2018厚生勞動白皮書》），比起一九八〇年的六成五，確實少了許多。更何況三成三這個數字，包括了丈夫六十五歲以上、妻子六十歲以上的退休家庭。

昭和時代的一人工資養全家四口的標準家庭範例，在現代日本已幾近做白日夢，難怪日本女性拚命想提高「女子力」，媒體也賣力在擴大「女子力」市場。當今能博得喝彩的不再是獨立自主的大女人，而是溫柔乖巧的小女人，為的只是能嫁個養得起一家四口的丈夫。遺憾的是，根據日本國立社會保障・人口問題研究所，於二〇一五年實施的第十五回出生動向（結婚與分娩）基本調查結果顯示，十八歲至三十四歲的日本未婚男性中，希望妻子於婚後辭職當全職主婦的人，僅占一成。簡而言之，在日本，全職主婦已經成為一項遙不可及的奢侈職業。

さとり世代

さとりせだい
satori sedai

達觀世代

在「達觀世代」出現之前，其實另有一個名詞「寬鬆世代」（ゆとり世代／yutori sedai）早就存在。

二〇〇二年，日本文部科學省為了減輕學生的壓力並擺脫填鴨式教育，實施所謂的「寬鬆教育」改革，不但刪減了學習內容（教科書變薄了），也減少了上課時間（週休二日），轉而重視經驗教育與知識運用能力，結果，導致這批接受「寬鬆教育」的孩子，學力大幅滑落，失去了國際競爭力。大約十年後，日本再度進行「脫離寬鬆教育」改革，增加了上課時間，並補充了學習內容，於是，之前接受「寬鬆教育」的那一代孩子便被稱為「寬鬆世代」，大致出生於一九八七年至二〇〇四年之間。

喜歡日劇的人，或許看過日本電視台於二〇一六年四月播出的週日連續劇《寬鬆世代又怎樣》。這部連續劇的劇情正是描寫日本第一代「寬鬆世代」步入社會後，面對愛

情、友情、職場工作與各種人際關係時，他們的思考方向與選擇。我記得，我在看這部連續劇時，對劇中的台詞驚嘆連連，之後重新燃起追日劇的熱情。並非台詞美得像詩文或隱藏著人生哲理，而是新生代的日本人對現代日文的用法讓我聽得嘖嘖稱奇。劇中人物的對話，聽起來很新鮮，明明每一個詞、每一句話，我都聽得懂，日常生活中也時常用，但他們的說話方式及單字用法，和我這個年代的人截然不同。那時，我才恍然大悟，原來這就是所謂的語言代溝。

這一代人自懂事後，日本經濟便一直陷於低迷期，手機爆發性地普及，又經歷東日本大震災等，日本社會環境面臨激烈變化，舊有的價值觀逐漸崩塌，致使他們對未來沒有夢想，甚至看破一切。他們在學生時代時被稱為「寬鬆世代」，出了社會後又飽受上一代人鄙視，責備他們知識不夠，指摘他們缺乏自主性，缺乏溝通能力。他們一直默默忍受，最後忍無可忍，某些人在網路上吶喊：「我們不『寬鬆』，而是勇敢正視真實日本現狀的『達觀世代』！」此呼籲，引起了同一代人的共鳴，並颳起了一陣「寬鬆世代」平反旋風。

為了守護自己，他們的思想趨於保守，態度冷靜沉著，只想過好眼下能夠維持的基本生活，最大特徵是無欲。他們缺乏旺盛的物欲，和人交往力求君子之交，冷淡看待戀愛，不相信努力必有回報，只做能力所及的事，不擅長引人注目，不喜歡出風頭，對

名牌沒興趣，假日喜歡窩在家中，特別依賴網路，凡事習慣靠網路解決，容易輕易放棄，親子關係不錯，願意花錢在興趣愛好上，比起過程更重視結果。

總的來說，日本的「達觀世代」非常接近中文圈的「佛系青年」，算是「草食男子」的升級進化版。

絆婚 きずなこん kizunakon 紐帶婚

日文的「絆」（kizuna）字，原意為繫住動物的繩索，進而演變為形容人與人之間的深厚情誼，人與人之間那條彼此都看不見也摸不到的紐帶。中文的「絆」字，原意也是勒馬的繩子，進而引申為行動時的障礙之「絆倒」、「絆腳石」，或情感上的約束纏累之「牽絆」、「羈絆」。兩者的用法看似一樣，在深層意義卻完全相反。中文的「絆」字，多半帶有痛苦或擺脫不了的無奈情感，比較接近負面詞彙；日文的「絆」字，是一種既斬不斷亦切不開的真情，用在家人身上是親情，用在朋友之間是友情，用在戰友之間則

為「執子之手，與子偕老」的同生共死兄弟情誼，而無論親情或友情或戰友的「絆」，皆不含苦澀或迫不得已之類的負面情緒，是完完全全的正面詞彙。

二〇一一年三月十一日，日本東北地方發生了大震災，世界各國民眾紛紛伸出援手，捐款捐資，熱情相助。捐助者中，應該有許多人從未去過日本，也從未與日本人打過交道，但每個人在電視螢幕中看到海嘯帶來的泥水流，沖走了數不盡的房屋汽車甚至行人，想必都驚嚇得大叫了出來，事後也都出於真心想盡一份心力。震災後，眾多從未去過東北地方的日本民眾，紛紛趕到災區當義工，進行各種救助活動，各大企業也派遣員工前往災區短期駐留發揮所長。這種來自陌生人的關懷，也是日文「絆」字中的正面情懷。

也因此，日本民眾在二〇一一年選出了「絆」字，作為該年的年度漢字代表。而當年的日本首相菅直人，特地在不同國際媒體刊登了謝辭，文章標題正是「絆 Kizuna —— the bonds of friendship」，可想而知，日文的「絆」字不能翻譯成中文的「羈絆」或「牽絆」，最好依原文句子的前後文意譯為中文。

震災後，因訂婚、結婚戒指銷售量大增，日本媒體便大肆宣傳許多年輕單身男女藉機舉行婚禮，或直接前往市政府提交結婚申請書（日文為「**婚姻届書**」），並稱此現象為「絆婚」或「震災婚」（しんさいこん／sinsaikon）。但根據日本厚生勞動省的人口動態統計，

得出比起震災前一年，震災當年的結婚對數減少了將近四萬對的結果。用粗結婚率來看，二〇一〇年是人口千人中的五．五，震災當年降為五．二，震災翌年雖有增，也僅有五．三，之後每況愈下，數字始終無法攀升。

在日本，結婚並非只要彼此相愛就可以成立，最大關鍵是經濟條件。日本的未婚女子，不像西歐國家的女子那般獨立，八成以上都與父母同住。倘若結婚對象並非正規社員，而是兼職或約僱的非典型就業形態，她們不會冒著可能會窮一輩子的風險，離開父母家這個安全的窩。未婚男子也一樣，寧願選擇終生不婚、不生不育，也不願為了愛情而扛起養家重任。

或許，因震災而分道揚鑣的「震災離婚」（しんさいりこん／shinsai rikon）對數比較多。試想，假若妳丈夫在地震或海嘯襲來那一刻，拋下妻兒逕自逃命，事後，妳會不會興起離婚念頭？

夫源病 ふげんびょう fugenbyo-

所謂「夫源病」，顧名思義，就是源自丈夫的疾病，這是日本醫學博士石藏文信，於二〇一一年創出的新詞，後來透過雜誌電視等媒體不斷報導，目前已有不少日本現代用詞事典都收入了這個詞。據說，會導致妻子患上「夫源病」的丈夫的言行舉止，主要是以下所列出的這十項：

一、丈夫在人前和藹可親，在家裡卻沉默寡言，一臉不高興的神情。
二、總是以高傲態度對妻子頤指氣使。
三、從不動手幫忙做家務，卻成天抱怨妻子家務做得不好。
四、經常發出「多虧我在外面工作掙錢，你們才有飯可吃」之類的話語。（妻子若是專業主婦，丈夫的態度則更囂張。）
五、絕對不會對妻子說出「謝謝」、「對不起」這兩個詞。
六、時時確認妻子的行蹤與行程安排。

七、朋友很少，或者沒有任何朋友，也沒有個人愛好。
八、對妻子的控制欲很強，厭惡妻子獨自一人外出。
九、自認為有幫忙家務並幫忙照顧孩子，是個「好丈夫」。
十、習慣在人前貶低妻子。

按石藏文信的說法，日本中高齡女性常見的一些不明原因的頭痛或頭暈、耳鳴、心悸、失眠，不明來由的焦慮不安、煩躁、易怒、抑鬱等身體上的不適，原本都被認為是女性更年期障礙的症狀，但是，引發這些表面症狀的根本原因，其實是家裡那位丈夫。因為丈夫是病原，所以患上此病的妻子很難根治。

「夫源病」並非醫學病名，而是因妻子長期扮演賢妻良母角色，隱忍著對丈夫的不滿，日積月累，自律神經功能失調，導致全身出現不適症狀。反之，病原若是妻子這方，則稱為「妻源病」（さいげんびょう／saigenbyo-），這也是很早便存在的一種症狀，只是，男性普遍認為是工作上的壓力所致，待察覺時，通常為時已晚，容易導致腦溢血或心臟疾患，後果比妻子這方的「夫源病」更嚴重。

「夫源病」這個詞出現之前，已經另有醫師形容為「丈夫居家壓力症候群」（主人在宅

ストレス症候群／しゅじんざいたくストレスしょうこうぐん）。再更早，日本泡沫經濟第一年的一九八六年，大日本除蟲菊公司在電視播出的廣告標語，「丈夫最好元氣滿滿又不在家」（亭主元気で留守がいい／ていしゅげんきでるすがいい），風行全國，並獲得該年流行語銅獎。這句廣告標語正是「夫源病」的藥方，到現在仍是日本主婦的最愛。

卒婚 そつこん sotsukon

自長期婚姻中畢業

日文的「卒業」（そつぎょう／sotsugyo）是畢業之意。在日本，「卒業」不單指完成某個階段的學歷，通常又引申為離開某個組織，或結束某項長久以來一直在做的事情。例如偶像組合中有某成員將離開，此時會用「卒業」這個詞；又例如戒菸成功，會形容為「自菸草卒業」。套用在婚姻的「卒婚」，正是自婚姻畢業之意。這是二〇〇四年由杉山由美子在自己的著書《卒婚のススメ》（《卒婚：不離婚的幸福選擇》）中所提倡的婚姻概念。意思是，年紀大了之後，夫妻不用再勉強繼續維持有名無實的婚姻生活，可以選擇不解

除婚姻關係的卒婚形式，各自享受自己的後半生。卒婚後，夫妻既可分居，亦可同居，不再綁住彼此，不再依賴對方，自由活出自己。

在昭和時代出生並成長的日本女性，結婚相當於犧牲自我，須放棄自己的事業與理想，步入家庭全心全意當個專業主婦。婚後，既是某某人的母親，亦是某某人的妻子，唯獨沒有自己的名字。辛辛苦苦將兒女養大，兒女離巢後，才發現夫妻雖朝夕相對，卻早已失去了會話，丈夫形同自動提款機，妻子宛如無薪的家庭幫傭，但礙於種種理由（主要是經濟問題），無法痛快離婚，只能默默實行貌合神離的「家庭內離婚」。運氣好的話，可以在丈夫退休領得退休金後，提出離婚要求，再領取一半退休金，但大多數人只能隱忍，繼續過著乾燥無味的婚姻生活。

數年前，日本某些知名藝人陸續公開宣告卒婚，並藉由電視報導讓此概念廣傳於日本家庭。廣傳歸廣傳，一般人畢竟無法選擇卒婚，那是富裕階級夫妻的遊戲。若非丈夫很有錢，並願意在卒婚後固定提供一大筆生活費給妻子，或者，妻子本來就具有社會知名度與優渥收入，否則，對日本一般平民的妻子來說，卒婚仍是個可望而不可即的概念。

「同居型卒婚」比較有可能，夫妻依然同住一個屋檐下，但日常起居自行處理，三餐各自解決。只是，基本條件仍是妻子須有自己的收入，不然，一切免談。

死後離婚

しごりこん
shigo rikon

人言「嫁雞隨雞飛，嫁狗隨狗走」，比喻女子出嫁後，不論丈夫好壞，都要隨遇而安，從一而終。然而，當今時代，眾多妻子走入社會，與丈夫一起撐起全家經濟，經歷了無數次風風雨雨，就算能夠與丈夫相伴到老，但丈夫過世後，妻子仍願意壓抑自我，繼續扮演夫家的媳婦角色嗎？

一般說來，日本女子在國際上的形象是賢慧柔順，而從我個人的角度來看，比起其他國家的女子，日本女子也確實含蓄溫婉，愛乾淨，講究穿著，更不會干涉另一半的工作與日常生活，控制欲較弱。這或許和成長環境有關，在日本家庭及日本社會成長的女子，多多少少都懂得在人前該如何隱藏自己，在男性面前也會先退三步再開口行事，畢竟日本是「男士優先」社會。

如此令全世界的男性追捧的日本女子，近年來竟發動起「死後離婚」獨立宣言，說什麼「我死後絕對不願意和丈夫葬在一起」、「丈夫死了，我要和夫家斷絕關係」……到底發生了什麼事？

原來五十歲至六十歲之間的這一代日本兒媳婦，已經拋棄了「嫁雞隨雞飛，嫁狗隨狗走」的觀念，五十歲以下的兒媳婦，也不再存有「出嫁之後，冠上夫家姓，死也是夫家鬼」的意識了。最大癥結點，應該是少子老齡化現象和老年人長照問題，另外是法律上的遺產繼承問題。

按日本的遺產繼承法來說，丈夫死後，無論妻子再如何辛苦照顧公婆，公婆離世時，也沒有資格繼承公婆的遺產。假若公婆沒有財產，丈夫又沒有留下多少遺產，妻子當然也就沒有餘力照顧公婆，可公婆的觀念仍停留在「妳嫁進來就是要充當免費傭工」這種上一世紀的舊風俗時，妻子只能向地方政府戶籍科提交「姻親關係終止申請表」（日文：**姻族関係終了届**／いんぞくかんけいしゅうりょうとどけ／inzoku kankei syu-ryo-todoke），與夫家公婆及那些囉七八嗦的小叔小姑，斷絕關係，劃清界線，俗稱「死後離婚」。

辦理手續時，只需帶上可以確認本人身分的資料，和證明配偶死亡的戶籍副本，再於申請表上填寫自己的姓名、住所、原籍、死亡配偶的姓名，最後蓋章，如此而已，簡單至極。不用徵得任何人的同意或許可，也沒有提交時限；夫家那方的親屬，既沒有拒絕權利，亦不會收到通知。手續結束後，妻子這方照樣可以領取遺族年金，也照樣擁有遺產繼承權。不過，孩子與夫家因是血親，終生都擺脫不了親屬關係，但孩子有權利繼

承祖父母及伯父叔父姑母的遺產。

說實在的，即使不辦理結束姻親關係手續，在法律上，妻子也沒有扶養或護理公婆的義務。只是，在精神層面上，辦了手續後，妻子可以掙脫夫家長年來所加予的枷鎖，獲得重生感覺，回到獨身時代，放開心懷，釋放自我，開啟自己的第二人生。

2000 平成十二年

2009 平成二十一年

以下標籤主要針對生於一九八〇年至一九八九年的日本人，
占二〇一九年十月日本總人口（不包括任何外籍人士）百分之十一・三

2000

4月　森喜朗內閣成立；實施介護保險（長照保險）制度。

6月　昭和天皇的皇后香淳皇后去逝。

7月　東京都伊豆諸島的三宅島噴火；兩千日圓紙幣面世。

8月　新五百日圓硬幣面世。

11月　琉球王國的城堡以及相關遺產群登錄為世界遺產。

日本年度漢字 金

2001

4月　小泉純一郎內閣成立。

9月　美國九一一事件。

10月　Windows XP 面世。

12月　日本愛子內親王出生。

日本年度漢字 戰

2002

1月 歐元紙幣流通。

4月 日本學校實施週休二日。

9月 日朝平壤宣言；

日文維基百科面世。

10月 五名遭北韓綁架的日本人歸國；

中文維基百科面世。

日本年度漢字 歸

2003

3月 第二次波斯灣戰爭；

SARS 瘟疫爆發。

5月 日本連續五年自殺者超出三萬人。

9月 日本職棒阪神虎隊久違十八年奪得聯盟冠軍。

12月 日本地面數位電視開播。

日本年度漢字 虎

2004

8月 雅典奧運。

11月 日本新紙幣面世。

12月 印度洋大地震及南亞大海嘯；任天堂DS上市。

日本年度漢字 災

2005

3月 日本國際博覽會（愛知萬博）開幕。

4月 JR福知山線出軌事故。

7月 倫敦爆炸事件。

9月 愛知萬博閉幕。

11月 紀宮清子內親王正式下嫁，脫離皇室身分，降為平民身分的黑田清子。

日本年度漢字 愛

2006

6月 六十五歲以上的高齡者數首次超出總人口的百分之二十。

9月 日本皇位繼承順位第二順位的悠仁親王出生；安倍晉三內閣成立。

12月 伊拉克前總統薩達姆・海珊於巴格達北部被處以絞刑。

日本年度漢字 命

2007

1月 Windows Vista 面世；美國蘋果公司 iPhone 面世。

2月 舉行第一次東京馬拉松賽事。

8月 全球金融危機爆發。

9月 福田康夫內閣成立。

10月 日本郵政民營化。

日本年度漢字 偽

2008

5月　中國四川大地震。

8月　中國北京奧運。

9月　雷曼兄弟公司破產；
麻生太郎內閣成立。

11月　印度孟買連環恐怖襲擊；
Android 面世。

日本年度漢字　變

2009

1月　一月，比特幣面世；
巴拉克·歐巴馬就任美國總統。

5月　五月，日本實施國民參與審理的裁判員制度。

6月　六月，美國「流行樂之王」麥可·傑克森過世。

9月　九月，鳩山由紀夫內閣成立。

日本年度漢字　新

スカート男子

スカートだんし
suka-to danshi

裙裝男子

「裙裝男子」並非指有異裝癖的男性，而是指在服飾方面積極配搭裙子的男人。女性早在十九世紀便穿起男褲，現今的女性服飾潮流更傾向中性化，不是在長褲上套件小短裙，就是在迷你裙下穿件緊身褲，裙褲合一。蘇格蘭人視蘇格蘭短裙為正裝，日本男人的傳統和服寬裙也是正裝，兩者均在婚禮、葬禮或正式場合才穿。放眼全世界或古代，其實穿裙裝的男子不在少數，只要拋棄「只有女人才能穿裙子」的固有觀念，裙裝男子也能令人賞心悅目。至於真正的異裝癖者則另稱「女裝子」（じょそこ／zyosoko）。

弁当男子

べんとうだんし

bentou danshi

便當男子

自己親手做便當帶到職場或學校的男子，背景是經濟不景氣與食品安全問題。此潮流不限單身男子，有些已婚男子甚至代妻子做便當。而且便當內容跟往昔以豪邁、簡單為前提的大男人料理不同，他們非常注重料理的色彩、形狀、營養搭配，便當盒也趨向女性向來慣用的小巧玲瓏型，以便能裝入公事包，但容量比女性用的大。

據說很多便當男子因慣常吃手製便當而減輕體重，看來手製便當具有減肥效用。由於日本年輕男子已不再遠庖廚，以男性為對象的食譜或與便當有關的商品也隨之暢銷。據調查，便當男子的一次便當費用平均在三百日圓以內，而且將近九成的人均為自己而做，六成的人是單獨一人在自己的辦公桌吃便當。

便當男子會形成潮流的主要背景在部落格的興起，部落格最適合發表自拍照片和自家製食譜，日本網民也喜歡逛這類部落格，有些人甚至每天流連在人氣旺盛的食譜部落格，有樣學樣把人家的食譜搬到自家餐桌。出版社當然也不會漠視這群親自下庖廚的男

子，紛紛出版男子便當或男子食譜書，有些格主甚至與企業合作，製造出冠上自己名字的商品。就我看來，男子親手做便當或自創新食譜的潮流已非一時性的流行現象，「便當男子」這個詞很可能消失，但男子下廚或親手做便當的行為，則會逐漸扎根於日本年輕男子的日常生活中。

附帶一提，美國和法國也開始流行起便當，發音均採用日文的「BENTO」。法國本來就有許多日本動漫迷，而日本動漫中經常出現「BENTO」，這對沒有吃便當習慣的法國年輕人來說，把多種手製料理精緻地配置在一個小箱子內，似乎是件很酷的事。何況日本的便當意義並非僅止於充饑，不但有愛妻便當亦有媽媽手製便當，而且各種菜餚都裝飾得小巧玲瓏，一根小熱狗可以變成小章魚，一片蘋果也能化為小白兔，便當盒種類更是五彩繽紛。據說巴黎市鬧區的書店有「BENTO」專櫃，專賣從日本進口的各種便當盒，價格約日本的三倍。

乙男 おとめん otomen 乙男

意為具有少女興趣、少女情懷，但毫無娘娘腔的男子。他們喜歡種花、做菜、刺繡、縫紉，愛看少女漫畫、愛吃甜點、擅長給人化妝或擅長做家事，是粉紅系男孩，英譯為「girlish boy」。

女子男性化現象早已見怪不怪，卻罕見社會評論家批評這類女子；但男子說話若帶點娘子腔或愛好往昔是女子專利的手藝，便會遭人另眼看待，似乎有些不公平。所謂「男女平等」，應該顧及男女雙方才對吧？難怪會出現此類漫畫和電視劇。

與「乙男」成對比的是「湿男」（シケメン／shikeman），形容文才和武藝均不如人，也沒有特別熱衷的愛好或拿手項目。倘若要我選擇，我寧願選擇「乙男」也不會選擇「湿男」，最好是擅長種花或擅長給人化妝的「乙男」，可以陪我一起種花順便教我幾手化妝技巧。「湿男」多沒趣呀，文武不如人無所謂，但沒有熱衷的愛好或拿手項目的話，即便有能力賺錢，大概也會活得淡然無味。

草食男子

そうしょくだんし

soushoku danshi

草食男

「草食男子」是二〇〇六年出現的新詞，英譯為「herbivore men」，二〇〇八年登上日本媒體成為流行語，二〇〇九年十二月入選年度新語、流行語大賞前十名，目前已演變為平成新時代男子的固有名詞，亦是注目度最高的族群。主要定義是「四十歲以下，性情溫和，協作精神高，不受舊有男子氣概形象所拘，對戀愛、性愛不積極，希望與女生並肩一起溫和地吃草」。

他們對性抱持可有可無的態度，能和女孩子或女同事在賓館房間度過柳下惠式的夜晚。對喜歡耍脾氣、不時要男生伺候的女生避而遠之，也懶得費心思去琢磨陰晴不定的女生心思，更不屑把時間金錢花在送禮、玩浪漫遊戲等瑣碎小事。

以過往的觀念來看，女生跟這類溫吞型的草食男子交往應該很沒意思，妙的是，時代變了，這類草食男子特別有異性緣，只是在二十五歲以下的年輕女孩圈中，肯定派與否定派各占半數。我覺得，草食男子其實早就存在，只是至今為止沒有人給他們命名，

不受媒體注目，待世人意識到此族群，抬眼環視四周尋找草食男子時，才恍然大悟原來不知不覺中身邊早已潛伏著眾多草食男子。

雜食系 ざっしょくけい zaashokukeii

雜食系

形容既非草食系也非肉食系，處於中間位置，半草食半肉食的男子。另一個意思是指興趣廣泛的人，由此延伸為凡事不拘小節，我行我素的男子。有實驗指出，女子平素喜歡跟雜食系的男子交往，但女子處於排卵期時，基於繁殖本能與無意識想挑選強壯精子的需求，她們會在不自覺中選擇肉食男子；但在懷孕安全期時，女子則會選擇草食系男子。從實驗結果看來，女子會選擇什麼樣的男子當終生伴侶，似乎全受生理週期影響，難怪這世上的怨男怨女如此多。

巣ごもり男子

すごもりだんし sugomori danshi

巢籠男子

主要指假日喜歡窩在家裡的二十代單身男子，但亦可將年齡層擴大至四十代單身男性。他們通常不主動加班，下班後也不跟同事去喝酒或參加男女聯誼會，直接回自己的巢。假日幾乎從不出門，一整天窩在巢內做自己喜歡的事。譬如喜歡下廚的人會花大鈔購買最新式的家電調理器，一個人興致沖沖躲在廚房研究新料理；喜歡玩電玩的人則賴在大型電視機前玩最新上市的電玩。這跟台灣流行的「宅男」或日本的「蟄居族」不同，「巢籠男子」在白天是上班族，具有一般社會成員必備的社交性與社會常識，並非不修邊幅或只迷動漫不與人交際，他們只是非常珍惜自己的餘暇，並對自己感興趣的事物不惜花大鈔而已。

這種「巢籠消費」（すごもりしょうひ／sugomori syouhi）現象自九〇年代便存在，起初是掌管一家經濟的家庭主婦默默在最前線埋頭苦幹，但專家及媒體漠視了她們的存在。待她們的兒子或女兒成長後，形成母子或母女兩代同時進行的「巢籠消費」趨勢，專家及企業才猛然發覺隱藏了二十年的這道暗渠潮流。

オタパパ otapapa 御宅爸爸

「御宅」（Otaku）這個詞在日本已擁有三十多年的公民權，原本專指沉迷動漫、電玩、鐵路模型、昆蟲、迷你車、特定人物人形等次文化產品，並願意花時間或金錢去蒐集研究這類事物的社群。起初大眾和媒體無法理解他們的生活樣式或專長，往往戴著有色眼鏡看待他們，稱他們「御宅」時亦帶貶意。但近年來的「御宅」已擺脫過去的形象，他們積極參與各種集會與志同道合的人交流，而且由於他們對自己的興趣具有比專家更淵博的專業知識，因此「御宅」社群的社交圈子已擴大至主流文化甚或各種職業領域，大致與「マニア」（mania／**發燒友**）同義。

往昔是「御宅」的青年，婚後有了孩子仍不捨棄嗜好的人正是「御宅爸爸」。他們會和孩子一起觀看動漫，一起手製鐵路模型或觀看鐵路影片，一起閱讀昆蟲圖鑑，一起玩人形。某些專家認為「御宅父子」的親子關係比一般父子更融洽，是理想親子的象徵。在御宅爸爸身邊長大的孩子，從小便擁有大量珍藏品，而且生長在物質優渥的家庭環境中，長大後極可能進化為鑑賞能力、知識能力、社交能力俱佳的新世代「御宅」。

電車男 でんしゃおとこ densha otoko

電車男

「電車男」故事出自日本最大綜合論壇 2ch（http://www.2ch.net/）的「毒男」（どくぉ／dokuo）版。「毒男」為「獨男」的戲稱，即獨身男子，通常指與異性無緣的處男。二〇〇四年三月十四日夜晚九點五十五分，「毒男」版出現一則留言，說他在電車內替一名遭酒醉中年男人騷擾的女孩解圍，那女孩向他道謝。這則留言原本不引人注目，但幾天後，留言者又貼出女孩寄來一組愛馬仕茶杯謝禮的後續留言，於是這則留言便沸騰起來。

留言者在留言中說明自己是秋葉原系「御宅」，從未與異性約會，並貼出不知該怎麼打電話向女孩道謝、該如何約女孩出來、約會時該穿什麼服裝等提問。其他網民見狀均爭先恐後冒出水面，稱留言者為「電車男」，女孩為「愛馬仕」，紛紛為他加油打氣，且提供各式各樣的參考意見。此留言大約滾熱了兩個月，「電車男」於最

後留下一篇他和「愛馬仕」進展至即將發生性關係的描述，由於文筆太蹩腳，且有自導自演的嫌疑，網民群起給予嚴厲譴責與批判，「電車男」自此失蹤。

日後有人把留言整理成精華篇放在網路，再透過各個部落格的宣傳及連結，這則故事才引起大眾網民注目。當時我曾看過 2ch 論壇原版，因有太多甲乙丙丁路人留下譏諷或毫無意義的留言，以及引誘網民跳到病毒網頁的連結，整串留言亂七八糟，看得人暈頭轉向。但精華篇不但刪掉與電車男沒有直接關係的留言，也刪掉五月九日之後類似黃色小說的猥褻後續留言，在「電車男」向「愛馬仕」求愛成功後結尾，整理成一篇為期不到兩個月的純愛故事，此故事才火熱起來。

同年十月，日本的新潮社出版社將精華篇留言記錄編輯成書，之後又被改編為電影、電視劇、舞台劇、漫畫、朗讀劇等，熱潮遍及全日本，連平日從不上網，對網路世界毫無知識的人也知道「電車男」這名詞。

2ch 論壇是匿名式，任何人都可以隱藏身分隨興留言，迄今為止，不少犯罪預告均出自 2ch，只要奪秒爭分搶在第一時間觀看，一般網民也能在該論壇得到凶惡事件犯人的個人隱私資訊或照片。但有關「電車男」和「愛馬仕」的個人資料竟石沉大海，即便 2ch 常駐網民也無法尋出任何蛛絲馬跡來證實他們的確存在於這世上，因此最初有不少人

質疑這則故事很可能是出版社編輯的自編自演。只是，無論「電車男」和「愛馬仕」是虛構或真實人物，其他網友的熱烈支持心意和一大堆令人瞠目的文字畫確實是真實紀錄，這也是「電車男」之所以能夠打動人心的最大理由。

就我個人來說，書籍本身一點意思都沒有，但電影和電視劇把故事改編得非常成功，甚至扭轉了一般大眾對「御宅」的偏見。之前一般大眾受媒體誤導，對「御宅」的看法是缺乏社交能力、沉迷動漫電玩、與社會脫節、具有潛在罪犯性質等刻版負面形象；「電車男」登場後，劇情中的純愛及網民間的純粹友誼令大眾開了眼界，之後逐漸接受「御宅」。不過，在此我得澄清一件事：「電車男」不等於「御宅」，充其量只是「御宅」族中特別喜好動漫、電玩的小分組而已。

教えて君 おしえてくん oshietekun 請教君

無論日本或外國，只要是網民身分，應該都碰過這種「請教君」。現今網路上充斥著各種免費資訊，但這些「請教君」卻懶得自己搜尋資料，到處打游擊提出「請告訴我」、

「請教我」、「求救」之類的提問，連最簡單最基本的常識也要問人。

倘若有人好意回答，他們會如水蛭般緊緊咬住回答者不放，再三提出問題，問得回答者不勝其煩。最後他們通常僅留下一句「謝謝」即揚長而去，有些人甚至連「謝」字也懶得留，得到自己想要的答案後便下落不明。碰到這種人，只能自認倒霉。這詞的「君」字並非尊稱，而是蔑視之意，與「小」同義。「請教君」本來只在網路世界出沒，目前逐漸擴展至實體社會。

イケメン ikemen 型男

這詞是由「イケてる」（iketeru，有魅力、英俊、瀟灑）加「面」（めん／men）以及英語的「men」混合成一個名詞，形容酷、帥、有型的男子。即使五官不英俊，只要酷並有型，都可以冠上「ikemen」這個稱呼。敬稱則寫成漢字的「池樣」（いけさま／ikesama），例如廣告寫著徵求「池樣」，意思便是「徵求五官端正，年輕有型的男子」，而非徵求「池

先生」，請各位別被日文漢字誤導。

順便提一下，日文漢字的「様」（sama）是尊稱，類似中文的「先生」、「大人」，不分男女均可用。據說古代日本人稱呼眼前的人或第三者時，直接指稱對方是一種失禮行為，於是用形容方向、姓名、官名、居所的「様」字代替眼前的人或不在現場的第三者。至於「様」為何會成為方向或居所代稱呢？日本的國語辭典《広詞苑》說明，「様」與「狀」、「方」同音同義，千年前的平安時代即有這種用法。

既然「様」是尊稱，那咱們能不能稱呼別人為「貴様」（kisama）呢？按字面看來，尊稱再加個「貴」字，豈不更尊？最適合拍人馬屁了。不過，這也是日文漢字的陷阱之一，萬萬用不得。「貴様」在往昔確實是尊稱，但到了江戶時代末期，演變為尊稱和蔑稱兩用。

中文也有類似例子吧，用詞雖是尊稱，底子裡實為罵人。二戰時，「貴様」成為軍隊內部術語，專門用來稱呼比自己軍階低的人。當時是國民皆兵的瘋狂時代，每個小兵小卒均為「天皇之子」，而佩有肩章的人稱呼小兵小卒時，礙於他們是「天皇之子」身分，只能用尊稱的「貴様」，實際卻飛揚跋扈地施以拳打腳踢。戰後，可能是那些飽受奴才待遇的小兵小卒為了雪恨而廣傳民間，這詞便成為名符其實的開罵用語，直至今日。

森ガール
mori ga-ru

森林系女孩

意指穿著打扮或生活樣式獨特，全身散發自然溫柔的氛圍，好像在森林中成長的女子。她們不關心時尚也不買名牌商品，頭上可能戴著一頂復古風帽子，身上穿的是不強調三圍、具有北歐民族色彩的鬆垮連身洋裝，腳上是圓頭平底鞋，跟那些聚集在原宿、澁谷的女孩完全兩樣。

森林系女孩的共通愛好是喜歡攝影、喜歡手工品、喜歡繪本、崇尚大自然事物、喜歡閒逛生活雜貨小店找些她們認為不俗的室內裝飾品或服飾用品，通常聚集在下北澤、高圓寺、代官山那一帶。日本大型交友網站 mixi 的「森林女孩」社團會員已超出四萬名（二〇一〇年），而且仍在成長中，此數字對商業界來說是個不可小覷的市場，足以形成一個特殊文化圈。

另一項特色是這群女子的標籤並非媒體給她們冠上的，而是她們找遍所有女性時尚

雜誌也找不到正好合適自己愛好的服飾或生活樣式標籤，於是主動出擊組成網路社群，向社會發出信息。這也表示這群新興女孩拒絕傳統媒體的格式化命名，自主帶頭創出另類文化，同時也證明時尚雜誌已落後現實社會一步。「森林女孩」的代表人物是日本女演員蒼井優（あおいゆう／Aoi Yuu）。「相機女子」正是自這群新興女孩社群派生的副產物。

我起初以為既然森林系女孩都聚集在東京代官山那一帶，除非我到那邊去觀察，否則只能翻閱時尚雜誌看看她們到底是什麼氛圍。沒想到我就在自家車站前碰過好幾次，個個確實是前述那種打扮，一眼便能認出那正是森林系女孩。可惜她們都戴著一頂寬檐帽或呢帽，而且都是飄逸的長直髮，沒法看清她們的五官，但整個人的氛圍果然能令人眼睛一亮，連同樣身為女人的我也不由自主想多瞅幾眼，害我每次遇上森林系女孩時，總是騎著單車頻頻回頭看，幾次差點撞上電線桿。

看她們都走到車站前巴士站等車，肯定是早稻田大學人間科學學術院的學生，因為早稻田大學人間科學學術院校園就在我住的地區，車站前總是有排成長龍的學生在等校園專車或公車。說她們惹眼，確實惹眼，但那種惹眼並非辣妹或 cosplay 等奇裝異服的「惹眼」，而是悠閒、安靜得令人會聯想到蜷曲在溫暖陽光下睡懶覺的貓。

カメラ女子

かめらじょし
kamera joshi

相機女子

形容出門一定帶著數位相機，看到自己中意或覺得有趣的物事，馬上取出相機拍照的女子。這跟部落格的興起有關，部落格本來就不適合寫長篇大論或正經八百的文章，但非常適合寫風花雪月或與社會大事無關痛癢的日常生活瑣事。她們用照片表達自己的感性與風格，透過拍照截取單調平凡生活中的剎那美，在自己的回憶簿增添一幅永不褪色的畫面。

她們流行「ゆるかわ」（yurukawa）拍攝手法，意思是「ゆるめ」（yurume）並「かわいい」（kawaii）的照片，翻成中文便是「放鬆、寬鬆、緩慢」加「可愛、討人喜歡、小巧玲瓏」之意。也就是說，她們不按攝影指南的慣例手法拍攝，不考慮取景也不考慮焦點是否對准，拍出的照片看似手抖動時拍下的。由於「相機女子」有增無減，日本出版界甚至為她們出了一本《女子相機》雜誌。而從手機或普通數位相機進化至單眼相機

的社群則稱為「デジイチ女子」（dejiichi zyoshi），「デジ」（deji）表示「デジカメ」（dejikame，**數位相機**），「イチ」（ichi）表示「一眼レフ」（ichiganrefu，**單眼相機**），合起來便是「數位單眼」。

我為了拍家中五個貓少爺和院子的花花草草，也買了單眼相機。不過，出門時要帶著單眼相機實在很費事，單眼相機的體積比一般數位相機大且重，倘若另有個望遠鏡頭那就更麻煩。但「相機女子」似乎不嫌揹著單眼相機是累贅，我每次看《女子相機》雜誌封面，總覺得年輕女子手中捧著一架單眼相機的構圖確實很酷，可年紀如我這般的歐巴桑，脖子掛著一架單眼相機騎單車到超市買菜的話，那種構圖只能用「劉姥姥」來形容。

蟻女 アリージョ ari-jo 蟻女

專指身高一五五公分以下，螞蟻般身材嬌小的女子。按過去的觀念，模特兒都是高高瘦瘦的女子，但最近日本女性雜誌出現一些身材嬌小玲瓏的模特兒，很受矚目，這個

詞沒有任何嘲笑或誹謗的意思，通常用在褒獎方面。

典型例子是益若つばさ（まわかつばさ／Matsuwaka Tsubasa），身高一五〇公分，體重三十七公斤。她生於一九八五年，二十二歲即當了媽媽，目前活動範圍非常廣，在日本初高中女生世代中，已經成為無人不知無人不曉的存在。她的穿著或戀愛、婚姻、生活樣式均具有引領潮流的感召力，在日本少女消費市場中，據說光她一人的經濟效果便高達百億日圓。

ネットカフェ女子

ネットカフェじょし
Nettokafe joshi

網咖女子

至今為止，日本的網咖客大多只限男性，但二〇一〇年起，女性客驟增，因此網咖經營者紛紛著力提供以女性客為對象的服務。二〇〇〇年時，網咖客的男女比率是七比三，二〇一〇年卻變成六比四。據說女性客自二〇〇八年開始增加，年齡大多在二十五

至三十五歲。

女性客大致可分為三類，一是來自地方城市的旅客，因住宿費便宜，她們把網咖當做飯店；一是趕不上最後一班電車的上班族，於是乾脆在網咖住一晚，第二天再去上班；另一是長期住宿的網咖難民。

現在有許多日本女性敢單獨一人出入往昔只限男性或必須有男性作陪的場所，這些女性通稱「無賴化する女」（ぶらいかするおんな／buraikasuru onna，無賴化女）。我覺得「無賴化女」這詞不好聽，「おひとり様」（Ohitorisama，御一人様）較順耳。「御一人樣」是一個人進餐廳吃飯、一個人旅遊、一個人享受任何事的女人。

婚活 こんかつ konkatsu 婚活

在日本，無論中學生或碩士、博士學歷的研究生，每位畢業生都要經歷一段坎坷的就職活動路程才能踏入社會。就職活動簡稱「就活」（Syu-katsu），大學生通常在大三下

學期開始收集公司資料，參加各種企業研討會，並學習如何分析自己、推薦自己的口才，再過五關斬六將地接受幾十家甚至多達百家公司的筆試、面試。幸運兒可以在大四黃金週期間獲得企業內定通知，之後逍遙自在準備畢業論文，於翌年三月參加畢業典禮；四月一日必定到公司報到，脫殼成為社會新鮮人。不幸遭幸運女神拋棄的人，只能淪為靠打工兼職為生的非特族，或中國內地所謂的「啃老族」及台灣稱之為「米蟲」的尼特族。這種一次性錄用畢業新生的企業習性是日本固有的終身就職慣例，可說全世界獨一無二。

「婚活」正是自「就活」這個詞演變而來，是以結婚為目的，以求職心態積極參加各種聯誼、相親活動的總稱。據日本總務省統計局二〇一五年國勢調查，三十至三十四歲的男性未婚率高達百分之四十七．一，女性未婚率是百分之三十四．六；三十五至三十九歲的男性未婚率是百分之三十五，女性未婚率是百分之二十三．九。此數值證明日本早已跨入非婚化、晚婚化時代，而且面臨每四個年輕人當中有一人可能一輩子都無法結婚的危機。

此外，泡沫經濟崩潰後，以年資和職位訂定薪水的日本企業年功序列終身雇用制度逐漸瓦解，不少日本企業採用美國式高度競爭的能力導向制度，雖然失敗例子非常多，但現況是年功序列制和能力制混合。這表示現代日本年輕男子無法再像上一代那般，只

要考進一家企業，等於終身都有個鐵飯碗，年輕男子的收入將隨社會局勢而東搖西擺。

以女子立場來看，最好盡早抓住個可靠的鑽石男，早嫁早安心。再則八〇年代以後，職場結婚機會愈來愈少，女子想在工作單位找到一位能讓她風風光光「寿退社」（Kotobuki Taisha，因結婚而辭職）的對象已成白日夢，鑽石男都被別人搶走了。既然如此，乾脆主動舉起旗幟背馬前往圍場獵取鑽石男，這也是造成「婚活」潮流的原因之一。

「婚活」主力軍是女性，意指男性與女性立場倒轉，由女性主導前往圍場捕捉鑽石男，男性只能費盡心思琢磨外在美、內在美，讓自己發光，乖乖待在圍場等候女性來狩獵。

相關詞是「婚活姫」（こんかつひめ／konkatsu hime），指以年輕、美貌為武器，瞄準頂尖男子主動出擊的女子。其他類似詞有「恋活」（こいかつ／koikatsu，準備戀愛）、「離活」（りかつ／rikatsu，準備離婚）、「終活」（しゅうかつ／syuukatsu，準備老後生活與自己的葬儀），等等。反義詞則為「婚圧」（こんあつ／konatsu），即當事人對結婚不感興趣，但父母和親朋好友不時以年齡或世間體面問題施予壓力。

肉食女子

にくしょくじょし nikushoku joshi

肉食女子

「肉食女子」也是二〇〇八年登場的新詞，是日本媒體用來比照「草食男子」的反義詞，形容四十歲以下，對戀愛、性愛非常積極的女子。日本的女性時尚雜誌自二〇〇八年起，經常做些「如何攻陷草食男子」、「在狩獵場不能矜持，必須主動進攻」、「如何抓住男人心」等戀愛專題，彷彿在鼓吹日本未婚女子都得揚旗縱馬上狩獵場捕捉男子，否則一輩子談不了戀愛似的。

我一直對這類專題報導持懷疑態度，倘若肉食女子果真很普遍，應該沒人會看這種興風作浪式的專題報導；換句話說，正因為肉食女子不多，女性雜誌才會用誇張噱頭以引起讀者注目進而提高銷量。不過，之前的我也只是持懷疑態度而已，並非堅信自己的想法絕對沒錯，直至二〇一〇年出現兩項統計調查，才證實我的看法無誤。一項是NHK放送文化研究所每隔五年進行一次的「現代日本人的意識構造」調查統計，有一項提問是：「你贊同婚前性行為嗎？」結果有二成六的女子堅持婚前必須守貞操，無條

件跟男子上床的女子僅占百分之三。

另一項調查是日本規模最大的市場調查資訊公司 MACROMILL，於二〇〇九年十二月以即將迎接成人式的男女各二百五十八人為對象進行的「二〇一〇年新成人調查」。這項調查顯示半數以上的新成人男子認為自己是草食派男子，但肉食女僅占一成，而且在這些自認為肉食女的少數派中，堅信者少得可憐，不及百分之三，其他百分之七的人選的是半信半疑的「可能是肉食女」答案。

此外，新成人女子當中，有半數以上對戀愛持消極態度。既然調查對象是新成人，表示均是一九八九年平成元年以後出生的新生代，這些九〇後的新生代對戀愛竟如此消極，看來日本的少子化問題將益發嚴重，日後恐怕必須降低入境移民門檻方能解決。

不過，上述兩項統計數據並非表示日本不存在「肉食女子」，而是在我的印象中，現代的日本二十代年輕女子已傾向中性化，根本不在乎異性的眼光，對戀愛也很消極，不可能為異性而聞雞起舞，因此這名詞與「婚活」應該冠在某些三十代後半及四十代末婚女子身上。

歷女 れきじょ rekijo

歷女

意為喜歡閱讀日本歷史書籍的女子，大多受電玩「戰國BASARA」或NHK大河劇及歷史漫畫影響，二〇〇九年十二月入選年度新語、流行語大賞前十名。歷女的守備範圍不限日本戰國時代，比如喜歡阿修羅像稱為「アシュラー」（ashura-），喜歡佛像稱為「佛像女子」（ぶつぞうじょし／butsuzou joshi），甚至出現因在部落格發表各方面的歷史知識，廣受好評而人氣大升，最後受邀上電視化身為受崇拜的「歷ドル」（rekidoru／歷女偶像）。就我看來，往昔便存在著一群萌歷史小說、歷史動漫的女子，現在因數量增多而進化為「歷女」而已。

干物女 ひものおんな himono onna

干物女

指工作時絕不含糊，但回家後馬上化身為「干物」（himono／魚乾）的單身女子。「干物女」一詞源自ひうらさとる（Hiura Satoru）的漫畫《螢之光》（*Hotaru no Hikari*）。漫畫中的男主角是高階主管部長身分，因婚姻觸礁回老家住，不料老家已有房客，是公司同一部門的屬下。房客是二十七歲的雨宮螢（Amemiya Hotaru），由於出國漂泊的房主（男主角的父親）已把房子租給雨宮螢，男主角只得同她過著同居生活。

雨宮螢下班後便換上破舊運動衫，不化妝、不修飾自己、不整理房間，並用橡皮圈把頭髮綁在頭頂，夜晚躺在面對院子的後廊喝啤酒看漫畫，順便抓抓屁股；假日幾乎都宅在家裡睡覺，睡覺時蓋著報紙，聊天對象僅有院子的食客貓，並認為這樣的懶散生活最舒適，口頭禪是「家裡最舒服」。於公於私均一絲不苟的男主角看不慣雨宮螢的私生活態度，說她完全失去女人的味道，像條乾癟的魚乾。

看了漫畫和電視劇後，我覺得「干物女」很不錯。她們不是生性懶散，而是做事太專注，無法顧及其他，唯一可以充電的場所正是亂七八糟的自宅。此外，由於幾乎毫無戀愛經驗，她們不懂得該如何引起異性的注目，也不懂得該如何談戀愛，久而久之便陷入戀愛恐懼症。雨宮螢平日在公司雖不起眼，但做任何事都很認真，有始有終，精力全耗費在職場，難怪回家後提不起勁做家事，只想躺在後廊喝啤酒與貓聊天。這種生活

樣式正是我目前的生活樣式，只是我家沒有雨宮螢家那麼亂而已。

我非常支持女性過這種生活，畢竟女性無論婚前婚後都沒法隨心所欲過自己想過的生活樣式。婚前為抓住男人的心或不想背負不孝女之名，盡量把自己打扮得漂漂亮亮，聽從父母之言裝成乖乖牌女生；婚後則因肩上扛著妻子與母親的雙重身分，更無法放鬆自己。說實話，女人能夠在第三者面前完全敞開心扉並放鬆自己的機會少之又少；即便對方是情人或丈夫甚或自己的孩子，她們在不同人面前會戴上不同面具。

ステキ女子／素敵女子

すてきじょし
sutekijoshi

女子眼中的理想女子

這詞也是源自《螢之光》，形容與「干物女」成對比的女子。特徵是容貌、身材、工作能力俱佳，談吐有致，舉止文雅，說話不挖苦或諷刺他人，並能直率向他人道歉，身上沒擦香水也會有一股香味，等等。不過，這終究是女子眼中的理想女子形象，在男人

眼裡看來，這類女子因完美無缺，反倒失去女人的魅力。原著漫畫中描述這種「素敵女子」其實也很辛苦，她們為了讓自己給人完美的印象，事前必須做許多功課，而且因為太完美，反倒無法交到同性朋友。反之，凡事渾樸自然的「干物女」正是「素敵女子」眼中欽羨的對象。

我想，人都是這樣，總會羨慕別人身上那些自己沒有的條件。我們經常陷入自己挑自己毛病並將其放大至百倍千倍的泥沼，然而，很多時候，這些我們自認為比不過別人的「缺點」，在別人眼中或許正是他們嚮往的條件。初高中時代的我，經常為自己是矮個子而自卑，直到三十歲過後，有不少身高一米七以上、三圍均勻的女子告訴我，她們最羨慕的正是身材嬌小的女子，我才久夢初醒。按她們的說法，「蟻女」的一個小動作，譬如跺腳、嘟嘴等，在她們眼中看上去都很可愛，但如果讓她們做同樣動作，便彷彿大象跺腳，震天動地，與「嬌」字沾不上邊。或許她們形容得過於誇張，卻也證明，許多自卑根源皆因自尋煩惱。

腐女子

ふじょし
fujoshi

腐女子

形容喜愛閱讀ＢＬ或「やおい」（Yaoi）小說、動漫的女子，與「婦女子」同音。ＢＬ是Boys' Love的縮寫，主要指迎合女性讀者要求的少年同性間純愛故事；Yaoi則指有性愛描寫的男性同性愛故事。「Yaoi」是三句形容詞的縮寫，意指小說內容缺乏「**山場**／yamaba」（高潮）、「**落ち**／ochi」（結尾）、「**意味**／imi」（意義），構成幾乎全是性愛描寫。高齡化的腐女子則稱為與「貴婦人」同音的「貴腐人」（きふじん／kifujin）。

最近的「腐女子」範圍已擴大為「不在乎衣飾儀容，只在乎自己的興趣愛好的女子」，而且逐漸進化為「乙女」（おとめ／otome，少女），並有大眾時尚化的傾向。這是因為前世代的腐女子已升級為「貴腐人」，新生代腐女子不滿意前輩這種自嘲稱呼，逐漸改稱「乙女」，似乎想與高齡化腐女子劃分界線。東京池袋車站東口的「Otome road」（**乙女路**）是腐女子聖地，執事喫茶店、乙女咖啡店、host咖啡店（由女扮男裝的服務員接待顧客）、ＢＬ專門店鱗次櫛比，美國甚至有名為「fujoshi paradise」的日本旅遊觀光團，據說東京方面

的行程除了池袋的「Otome road」，另有ＩＴ男子「御宅」聖地的秋葉原（akihabara），以及文藝系「御宅」、「腐女子」聚集地的中野（nakano）。

鉄子 てつこ tetsuko

資深鐵路迷女子

「鉄子」這名詞在中國內地北方、東北地區意指死黨，用在男女之間表示兩人是親密情侶或婚外戀關係，用在男男之間則有拜把兄弟之意；但在日本則專指資深鐵路迷女子。源自菊池直惠（きくち なおえ／Kikuchi Naoe）的紀實漫畫《鉄子之旅》，嚮導是橫見浩彥（よこみ ひろひこ／Yokomi Hirohiko）。

橫見浩彥是旅遊作家，從小癡迷鐵路，二十五歲時便完成搭乘日本所有國有鐵路線路的目標。漫畫家菊池直惠在連

載《鉄子之旅》漫畫之前，並無鐵路專門知識，同普通人一樣視鐵路為交通工具。她以「中餐一定要吃『駅弁』（えきべん／ekiben，鐵路便當）」為條件接下這項工作，因此初期的連載漫畫中時常出現她抱怨旅程太辛苦的插話，後期則完全陷入鐵路旅遊的趣味中。

相關名詞另有「ママ鉄」（ままてつ／mamatetsu，媽媽鐵），指喜歡鐵路或具有鐵路專門知識的媽媽。「ママ鉄」不包含婚前便喜歡鐵路的「鉄子」，她們都是當了媽媽後，給孩子買鐵路繪本及玩具或帶小孩去觀看電車時，不自覺地變成鐵路迷。

三手 さんて sante

三手

我記得八〇年代後半至九〇年代初，日本正值泡沫經濟全盛期，當時的日本主流女性擇偶條件是三高：高學歷、高收入、高個子。一般說來，學歷與收入成正比，女性會提出這兩項條件並非毫無道理，但身高和收入到底有何關係呢？

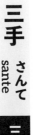

根據美國佛羅里達大學研究小組於二〇〇三年刊登於應用心理學期刊《Journal of Applied Psychology》報告，指出身高每差一吋，年薪差距約為七百八十九美元。若按此報告來算，身高比別人矮十公分的男人，年薪可能會比別人減少三千多美元。此數字不能算小，在日本至少可以買三台名牌大型五門或六門高檔貨冰箱，甚至可以買三台四十吋寬螢幕高畫質數位液晶電視。不過，上述報告調查對象是美國與英國人，能否應用在東方人社會則是另一回事。

泡沫經濟崩潰後，日本主流女性的擇偶條件變成「三C」：comfortable（舒適、寬裕，表示年薪要夠高）、communicative（可以彼此溝通，表示男女雙方最好門當戶對，生活水平及價值觀相近）、cooperative（合作、協助，表示男方必須幫忙做家事）。在此，男方學歷和身高已不成問題，但收入依舊是關鍵點。

千禧年以後，日本女性擇偶條件再度變化為「三低」：低姿態（放棄大男人主義，實行Lady first，凡事尊重女方）、低依存（自己的事自己做，不要把家事育兒等全推給女方）、低風險（有份正當且安定的工作）。

仔細看女性擇偶條件的變化，可以看出無論三高、三C或三低，主導權均在男性手上。雖然表面看去，是女性在選擇男性，主導權似乎在女性手上，但這些條件實則反映出女

性的依賴性。二〇一〇年，日本年輕女性的擇偶條件又演變為簡單易懂的「三手」：手伝う（tetsudau）、手をとりあう（te wo toriau）、手をつなぐ（te wo tsunagu）。翻成中文便是「幫手」、「互相拉手」、「牽手」，女性由被動轉為主動，由期待轉為面對面牽手。

或許現代日本年輕女性已經明白時代變了，結婚等於「永久就職」（えいきゅうしゅうしょく／eikyu shu-shoku）、丈夫等於鐵飯碗的方程式已不存在。「專業主婦」這個職業其實是日本戰後高度成長期的副產品，社會和企業把女子關進家裡，讓她們負責家事育兒等工作，再將女子原本應得的社會工資以撫養家屬津貼之名轉移至丈夫工資內，因此男人可以光靠自己的工資養活一家四口。然而，泡沫經濟崩潰後，社會和企業開始減縮或乾脆收回家屬津貼，放棄成本高的終身雇用制度，改為雇用沒有養老金、家屬津貼、失業保險等福利的非正規雇員。

正規雇員和非正規雇員的年薪差距大約兩百萬日圓，這兩百萬日圓正是往昔男人養老婆、養孩子的成本，亦是女子應得的社會工資。現代日本三十代以下的男子之所以失去養家能力，原因正在此。往後，女子若想追求幸福，不但必須動「手」賺錢養活自己，還必須伸「手」援助男子，否則雙方只能一起往下滑，最終同歸於盡。

離れ世代
はなれせだい
hanare sedai

遠離世代

意為物欲淡薄的世代，也是「少子化世代」（しょうしかせだい／shoushika sedai）集中在一九八五年以後出生的人。他們成長於泡沫經濟崩潰後實施的「寬鬆教育」大環境中。「寬鬆教育」即縮減授課時間與內容的非填鴨式教育。他們亦歷經二〇〇一年的美國恐怖分子事件以及狂牛症、SARS病毒事件，算是治安全球化、病毒全球化、犯罪全球化時代的第一代。

這個年齡層的人從小生活在有房、有車、有電玩、有電視的家庭環境中，假日由爸爸開車帶著一家人遠遊或全家人到國外旅遊，他們認為這種生活理所當然，不會特意去追求金錢物品方面的物質生活。典型例子是不開車、不騎摩托車、不嚮往國外旅遊、不買名牌奢侈品。

「遠離××」潮流並非只限「遠離世代」圈子內的現象，倘若範圍擴大至所有年齡層，可以得知平成時代三十年來的「遠離」項目（AirTrip公司二〇一九年一月調查統計）排行：

①**香菸**。（日本菸草產業公司二〇一八年統計，男性抽菸率占總人口的百分之二十七・八，女性抽菸率占百分之八・七）

②**報紙**。（日本總務省統計局二〇一七年統計的「報紙支出總額年齡層分布」項目中，三十代以下的人僅占百分之四，七十代以上的人則占百分之三十九）

③**賭博**。（取代的是社群網路遊戲及手機遊戲）

④**高爾夫球**。（根據《二〇一七年餘暇白皮書》，高爾夫人口集中在六十、七十代男性，五十代男性的高爾夫參加率從百分之十五・八減至八・五，四十代男性的高爾夫參加率從百分之十一減至百分之八・三）

⑤**戀愛**。（CP值太低、浪費時間與金錢等理由）

⑥**汽車**。（購買力降低等理由，但二〇一七年起，二十代人的汽車擁有率有增高現象）

⑦**遊戲**。（以家用或電視遊戲機遊戲為主）

⑧**結婚**。（嫌麻煩、沒有適婚年齡的觀念、沒有錢等理由）

⑨卡拉ＯＫ。（取代的是野外音樂節及Live House）

⑩酒。（日本厚生勞動省二〇一六年調查，二十代男性中僅有一成的人有喝酒習慣，五十代人居首位，占四成六左右）

⑪電視。（《電視調查白皮書》二〇一六年統計，全天候的電視收視人口僅有四成一，晚間七點至十點的黃金時段也只有六成一）

⑫大海。（一九九〇年的海水浴場數是一三七九，二〇一七年減至一〇九五，海水浴客也自三千萬減至七百萬）

⑬閱讀。（日本文化廳二〇一九年統計，一個月中完全不閱讀的人占百分之四十七・三，讀一至兩本的人占百分之三十七・六，讀三至四本的人占百分之八・六，讀五至六本及七本以上的人各占百分之三・二）

⑭賀年明信片。（二〇〇三年的賀年明信片銷售量高達四十四億六千萬張，二〇一八年的賀年明信片銷售量減至二十四億張）

⑮音樂。（日本唱片協會二〇一九年調查，不關心音樂的人從百分之十五・四，增至百分之三十一・三）

嫌消費世代

けんしょうひせだい
kensyouhi sedai

嫌消費世代

不知是草食男、草食女增多之因，亦或時代潮流，日本年輕人已不再熱衷消費。「嫌消費世代」亦即對消費行為極端消極的世代，先鋒隊是一九八五年以後出生的男女。他們明明荷包飽滿，卻不買名牌服飾、不買名牌汽車、不買名牌手錶、不到國外觀光旅遊、不願意當房奴，吃飯時也隨身帶著環保筷、環保杯。他們連健身房都不肯去，在同族圈子內流行「0円スポーツ」（零圓運動）、「夜スポ」（夜運），意思是不花錢在夜晚進行的健身運動，這也表示他們在下班後不結伴去喝酒或參加任何夜間活動，寧願在家附近單獨一人沉默地做健身運動。

日本可口可樂公司於二〇〇九年九月針對四百名四十歲以下的男女上班族進行調查，發現有六成以上的男女都在平日下班後做健行或慢跑等「夜運」，其中最熱門的運動是健行，三人中有一人選擇健行。

我記得一九八〇年代的日本年輕女孩很流行買奢侈名牌商品，幾乎全身貼著PRADA、Louis Vuitton、Chanel、Gucci等商標。曾幾何時，這些奢侈名牌商品在年輕人

之間竟變成土氣、鄉巴佬的代名詞，難怪上述那些名牌商店會陸續撤出日本，轉移陣地前往中國。目前東京銀座那一帶均被 UNIQLO、H&M（Hennes & Mauritz AB）、FOREVER 21 等新興名牌占領。

某些經濟專家抱怨日本經濟會陷入低成長的原因，問題出在這些不積極消費的「嫌消費世代」身上，指責他們把大眾廉價品牌捧為名牌，卻在不自覺中引領國家走向滅亡，有些專家甚至呼籲應該給現代年輕人灌輸「消費是美德」思想。我反倒認為這些不積極消費的新生代非常環保，雖然我不知道到底是時代造就他們出現，還是他們造就了時代，總之，老一輩的經濟專家拿他們出氣，根本是牛頭不對馬嘴。或許，這些「嫌消費世代」正在不自覺中默默創造另類資本主義、另類經濟成長也說不定。

バブル後世代　バブルごせだい babarugosedai　泡沫後世代

主要指生於一九七九年至一九八三年的男女，正是「嫌消費」潮流先鋒隊，約有

八三〇萬人。他們在小學歷經蘇聯解體，昭和天皇駕崩，日本年號自「昭和」改元「平成」。進初中後經歷全國性校園霸凌自殺事件，松本沙林毒氣事件，東京地鐵沙林毒氣事件，阪神大地震，泡沫經濟崩潰，大頭貼熱潮，《灌籃高手》熱潮。升高中後，消費稅自百分之三增至百分之五，三洋證券、山一證券、拓殖銀行倒閉，酒鬼薔薇聖斗事件（神戶兒童連續殺人案）轟動全日本，企業開始廢止年功序列制度，政府修正「男女雇用機會均等法」，歐盟正式使用新貨幣歐元。入大學後，IT泡沫崩潰，社會陷於就職率不及百分之六十的就職冰河期，UNIQLO、PS2熱潮。大學畢業時，日本颳起韓流風，任天堂DS、PSP上市，坊間發生佐世保小學六年級女童殺人事件。

雖然他們也是就職冰河期的犧牲者，不過在他們大學畢業時，就職冰河期已近尾聲，大部分僥倖成為收入固定的正規社員，年均收入也在三百萬日圓以上，經濟條件還算不錯。但他們在青少年時代便切身感受整個社會甚或世界正在變動的氛圍，也深知自己的父母是終生雇用年功序列制度的最後一代受惠者。他們明白自己往後的人生不可能有機會踏上如父母那般只要老實工作，收入必定會逐年增加的平坦大路，反之，在企業轉向實力主義的風潮中，他們隨時都可能淪為迷路羔羊。這正是他們為何會成為「嫌消費」潮流先鋒隊，拚命把賺來的錢存入銀行的背景。

此外，他們在青少年時代曾目睹耳聞泡沫經崩潰後的各式各樣慘狀，例如父母擁有的股票於一夕之間變成廢紙，父親失業致使父母離婚，親戚中有人「破產」導致全家離散，坊間流行清貧思想，等等。世間人在泡沫經濟高峰期蔑視孜孜不倦的勤勉精神，大肆吹噓消費和貸款即美德的觀念；然而，泡沫經濟崩潰後，社會馬上見風轉舵，採取自由競爭主義，凡事講究迅速正確，而政府卻與現實社會背道而馳，實施週休二日制的「寬鬆教育」。

這種南轅北轍的社會價值觀與教育政策令他們無所適從，思考混亂，只能躲進自己的龜殼中。再者，他們於青春期看多了校園霸凌事件，往往在不自覺中裹上一層迎合他人，盡量與他人同步同調的保護色。

總之，這個年齡層的族群在人格形成期間，受過社會價值觀天翻地覆的洗禮，深知在經濟問題面前，人與人之間的信賴關係會變得輕如鴻毛。他們內心深藏一股欲更上一層樓、欲構築更穩固的人際關係、欲高人一等的強烈願望，無奈目前的現實社會缺乏雲梯讓他們一步步攀登，於是他們只能主動拒絕消費，放棄物質面的享受，默默養精蓄銳，等待乾坤再造的時機。

無緣社會

むえんしゃかい
muen syakai

無緣社會

意指一個人即便邁入高齡或因病住院，也沒有可仰賴的第三者，凡事都必須一個人處理擔當，最終也一個人迎接死神的社會。死後過一段日子才被人發現的事例稱為「孤獨死」（こどくし／kodokushi），「kodokushi」這詞在英文圈亦可通用。最有名的例子是日本女演員飯島愛（いいじま あい／Iijima Ai）於二〇〇八年十二月二十四日下午被人發現死於家中，由於整整一星期都沒人知道她孤獨死在家中，警方只得推斷她的死亡日期可能是十二月十七日。

當天晚上，我正在享受「おひとり様」（ohitorisama／一人先生、一人小姐）平安夜盛宴。一個人點蠟燭，一個人吃烤雞，一個人吃蛋糕，一個人喝紅酒，一個人看電視。電視新聞報導傳出飯島愛的死訊時，我手中的烤雞僵在半空，以為自己聽錯了。仔細看過電視新聞報導，才明白原來是事實。當時我內心第一個反應是「為什麼整整一星期都沒人和她聯繫？」現在不是有手機嗎？打電話或傳短訊都很方便，何況飯島愛生前有自己的部落格。

她的部落格自十二月五日起停止更新，直至二十四日電視報出她的死訊為止，留言版堆了四百多則粉絲留言。雖然她曾經有過一個月只更新一篇的紀錄，但自從她開了部落格以後，日記更新速度相當勤快，十九天完全沒動靜確實會令人起疑。遺憾的是，僅在這世上活了三十六年的飯島愛確實是「孤獨死」。她過世後，她的部落格由她父母接掌負責管理了七年，最後在二〇一五年十月三十一日關閉，最後一篇日記的粉絲留言數高達七萬多則。

另一著名例子是日本女演員大原麗子（おおはら れいこ／Oohara Reiko），二〇〇九年八月三日病死在自己家中寢室床邊地板，死後三天才被親人發現。據說當時手機距離遺體約三公尺，看來大原麗子於臨死前即便想打電話求救也力不從心。她過世那天正是她弟弟因兩星期都無法與姊姊取得聯繫而報警的當天，但警員於三天後才同她弟弟一起造訪姊姊家，這才發現屍體。那麼漂亮且受人愛戴的女演員，在警員及弟弟發現她已過世時，遺體已呈腐壞狀態，委實令人心疼。

我覺得「孤獨死」或「無緣社會」的背景來自日本人的家庭教育。老一代的日本人教育孩子時，最注重「不要給人添麻煩或造麻煩」的家教，也就是說，凡事盡量靠自己，不要打攪別人。

転職貧乏

てんしょくびんぼう
tenshoku binbou

跳槽窮人

中文的「跳槽」大多指被人以高薪挖走或主動換個條件更好的職場之意，有更上一層樓的正面意義；但日文的「転職」（tenshoku／改行、跳槽）則意味你本身有問題，才會無法長久待在同一家公司。這對當事人來說，等於主動走進死胡同，很可能永無出路。

許多日本年輕人正是陷於此胡同，以為日本企業既然放棄終身雇用制度，求職者應該也可以像美國人那般藉跳槽抬高自己的身價。無奈現實社會很殘酷，大部分年輕人正因為頻繁跳槽而一直線走下坡，不但薪資減低，也無法得到世間人的信任，甚至失去將來的年金等福利保險。據說真正被高薪挖走的人，不會輕易跳槽。

外こもり族

そとこもりぞく
sotokomorizoku

海外蟄居族

形容某些在日本國內短期打工存錢後，隨即躲到海外過蟄居生活的人。由於日本的

時薪比較高，這些人只要集中性地工作幾個月，待存款達五十萬、百萬日圓時，即可出國至物價低廉的泰國、柬埔寨、印度、尼泊爾、老撾、土耳其等國家長期旅居。他們通常選擇市內有網咖、超商等近代化城市，例如泰國首都曼谷考山路（Khaosan Road），不但有許多廉價旅館，也有日本漫畫喫茶和網咖、超商，只要住在廉價旅館，三餐都吃路邊攤，一天只須花一千日圓便能過日子。

埃及首都開羅或印度首都新德里的物價更便宜，隨身帶三十萬日圓過去，可以住一年。這些國家對日本人的護照簽證延期幾乎毫無限制條件，只要你身上仍有錢，想待多久都隨你便。海外蟄居族雖然美其名到外國長期旅居，但他們往往不出門觀光也不與當地人交流，過得同日本的蟄居族一樣，除非必要，通常閉門不出。

我覺得這也是一種不錯的選擇。畢竟在日本國內蟄居的話，不但會令父母在人前抬不起頭，世間人也會透過有色眼鏡看待他們。何況海外蟄居族與國內蟄居族不同，至少他們願意在短期內拚命工作存錢，再帶著那些自己賺來的血汗錢飄洋過海到異國冬眠。只是，按常情來看，待他們到了某個年齡時，恐怕無法繼續過著這種候鳥般的生活。

ご褒美貧乏

ごほうびびんぼう
gohoubi binbou

犒賞窮人

形容每逢工作獲得成果或達到自己定下的目標時，為了犒賞自己而破費的人。有些人會買名牌奢侈品犒賞自己，有些人則心血來潮地去吃一頓不必要的大餐，或在線上購物網站瞎拚，購買一大堆不必要的商品，導致存摺上的數字始終無法再增添一個0。

有關這點，我應該算是資深犒賞窮人。每逢看到自己的新書擠進排行榜時，我就馬上拿出電子計算機敲敲打打，計算版稅。然後為了犒賞自己，整夜都在線上購物網站的園藝區或寵物區、書籍區流連，這邊按一下，那邊按一下，按到最後連自己也記不清一個晚上到底花了多少錢。這種情況通常會持續一星期或兩星期。等一、兩個月後收到帳單時，再仰天長嘆抱怨上天實在不公平，為什麼在女人的大腦中安插個「瞎拚區」？再過幾個月，收到版稅結算單時更慘，因為我往往高估了自己的新書銷量。

ネットカフェ難民

ネットカフェなんみん
nettokafe nanmin

網咖難民

專指某些沒有固定居所，長期住在網咖個人包廂的男女。二〇〇七年十二月入選日本年度新語、流行語大賞前十名。這些人通常是日薪臨時工，並非每天都有工作，因收入不安定，無法確保住居租金及每月必定支出的水電費。網咖不但有個人包廂，也有免費飲料、電視機、報紙等服務，更有淋浴設備，住宿費比廉價旅館便宜且方便。有些人是基於家庭問題不得不離家出走而淪為網咖難民，例如家庭暴力、父母離婚、父母再婚、父親失業等。

大人ニート

おとなニート
otona ni-to

成人尼特族

「ニート」（NEET）全稱是「Not currently engaged in Employment, Education or Training」，源自英國，指一些不升學、不就業、不參與就業輔導，終日無所事事的十六至十八歲未成年者。在日本則指十五至三十四歲，不工作、不求職、非學生身分的未婚者，這裡面不包括靠打工兼職為生的「フリーター」（freeter／**飛特族**）或退休者、失業者，但包括

有就業意欲卻沒有賦予行動積極進行求職活動，終年窩在家裡靠父母撫養的人。美國稱之為「Boomerang Kids」（歸巢族），中國內地稱為「啃老族」，台灣地區則通稱「米蟲」或「家裡蹲」。目前「尼特族」現象已擴展為全球化社會問題，主要圈子是發達國家或生活素質高的城市青年階層。

「大人ニート」（成人尼特族）指二十五至三十四歲的未婚者，日本現況是「成人尼特族」占尼特族總數的六成，而且二十四歲以下的尼特族正在遞減，反之，「成人尼特族」則逐年增加。根據日本總務省統計局於二〇一九年發佈的調查結果顯示，十五至三十五歲的青年無業者（尼特族），大約有七十四萬人，占該年齡層總人口的百分之二・三。

另有一種是「社内ニート」（しゃないニート／shanai ni-to，社內尼特族），他們雖有工作，每天按時上下班，但對工作內容毫無熱情，像個機器人定時到公司打卡而已。這些人正是「退職型ニート」（たいしょくがたニート／taishokugata ni-to，辭職型尼特族）的後備軍。換句話說，他們很可能在工作幾年後辭職，之後不再找新工作，一直窩在家裡成為真正的尼特族。

日本政府或媒體只關注三十四歲以下的青年尼特族動向，但三十五歲以上的世代亦存在著不少中年尼特族。這些中年尼特族的父母已老邁，倘若父母過世，他們會失去原

本是固定收入的父母的養老金，只能仰賴父母留下的遺產或存款維生，這才是真正的未來社會問題。

十二月病 じゅうにがつびょう ju-nigatsubyou

十二月病

指沒有戀人的男女在聖誕節平安夜即將來臨的十二月，情緒陷於谷底的症狀，有時甚至因精神上的憂鬱而影響肉體的健康，造成食欲不振或暴飲暴食的結果。

日本每逢十二月，電視綜藝節目或連續劇、雜誌紛紛展開平安夜的戀人約會專輯，街上放眼望去均是五彩繽紛的聖誕節燈飾，商店傳出的也是與聖誕節有關的音樂，不要說沒有戀人的年輕男女了，連「御一人樣」的我也會陷入憂鬱症。有時為了湊熱鬧，我也會買蛋糕和雞腿回家打算一個人過節，但點上蠟燭後反倒覺得自己很可笑，往往會自嘲道：「我有必要隨世間的商業戰術而小丑般地跟人起舞嗎？」唯一的安慰是家中五個貓少爺會聚在餐桌上跟我一起搶蛋糕和雞腿。

聖誕節過後是除夕、元旦，假如在這個一年一度的大節日仍是孤家寡人過節，很可能會直接邁入「二月病」（にがつびょう／nigatsubyou），就是在情人節收不到任何女子送的巧克力而陷於自我嫌惡心情的症狀。以上兩種症狀均指沒有戀人的男女，另一個「五月病」（ごがつびょう／gogatsubyou）則專指剛進入大學或剛入社會的年輕人，以及因調差而搬到外地獨居的上班族。這些人在四月忙於適應新環境，之後是五月長假的黃金週，待黃金週過完，他們會陷於不想上班、不想上學的症狀。

格差婚 かくさこん kakusakon

門戶不當的婚姻關係

「格差」意為雙方身分背景或學歷、收入有很大差距，「格差婚」指無論背景或收入條件均相差甚遠的夫妻，即門戶不當，主要指女高男低的例子，同義詞是「逆玉」（ぎゃくたま／gyakutama）。最典型的「格差婚」例子是日本演藝圈性感女神藤原紀香（ふじわらのりか／Fujiwara Norika）與搞笑藝人陣內智則（じんない とものり／Jinnai Tomonori），這對

夫妻在身高、容貌、知名度、收入均有極大差距。他們於二〇〇七年舉行花費五億日圓的世紀婚禮，但這段婚姻僅維持兩年便因陣內智則的婚外情而告終。

一般而論，男高女低的「格差婚」比較不會出問題，但女高男低的例子，成功率很少。問題到底出在哪兒呢？

歩き食べ族
あるきたべぞく
arukitabezoku
邊走邊吃族

形容在上班或上學途中為趕時間而邊走邊吃飯糰、三明治的年輕人，有些人甚至在超商買泡麵沖開水後，迅速離開商店邊吃泡麵邊趕路。某些教育專家批評是父母沒做好家教，才會讓下一代出現這種行為。我個人覺得，只要曾到國外旅遊的人，應該對這種邊走邊吃的畫面不陌生。

何況，日本祭典夜市的人群也是邊走邊吃，旅人到郊區觀光地點閒逛時也會邊走邊喝礦泉水或寶特瓶茶水，搭新幹線時亦可在車廂內吃鐵路便當，為何在市內馬路或電車內

就不行呢？甚至怪罪人家父母家教不好云云。大抵說來，教育專家說的不能在外面吃東西或不能邊走邊吃的規矩，是日本於戰後高度經濟成長之後才被灌輸的「新」觀念、「新」常識，扳指算算也不過二、三十年的歷史，並非日本古來的規矩。邊走邊吃，有何不可？

ソトアサ族

sotoasazoku

外朝族

形容在外面吃早餐的人。日本人向來習慣在家吃早餐，市街罕見賣早點的商店或攤販，直至超商興起後，之前沒法在家吃早餐的人才得以在超商買麵包牛奶充饑。日本麥當勞算是最先著眼早餐市場的企業，他們於一九八五年推出麥當勞早餐時，那時的日本人仍習慣在家吃早餐，但顯然已有潛在市場需要，麥當勞早餐非常暢銷。不過，根據我的記憶，喫茶店比麥當勞更早，我記得我在學生時代經常到喫茶店吃早餐，內容通常是兩片土司、一個煮蛋、一杯飲料，當時就有許多中年上班族也在喫茶店吃早餐，學生身分的我混在其間吃土司早餐，不但顯眼也算是一種奢侈行為。

牛丼吉野屋繼麥當勞之後最先推出和式早餐服務，內容是白飯、味噌湯、海苔、生雞蛋、納豆、鹹鮭魚或其他烤魚。現在則是百花齊放，各式各樣的飲食業均爭先恐後參與早餐飲食服務，連迴轉壽司店也在提供迴轉式早餐，內容跟吉野屋的早餐類似，只是客人可以隨意挑選迴轉盤子。據日本農林水產省估算，早餐飲食業市場規模高達一萬五千億日圓。主要原因是以前不吃或漠視早餐的人，已逐漸理解一天三餐中最重要的是早餐，有些人則因夫妻都在上班，早上在外面吃比較省事亦省時。

「外朝族」中約有六成是在辦公桌吃早餐。現代人的工作形態與上世紀人不同，上世紀人的工作形態是進辦公室後第一件事是打電話與交易對手聯絡，但現代人進辦公室後第一件事是打開電腦看郵件，這就造成可以邊吃早餐邊看郵件的方便性。二十、三十代的上班族通常帶早餐提早二十分鐘進辦公室，在辦公桌邊吃早餐邊看郵件；但四十 五十代的上班族則傾向一個人在外面享受悠閒的早餐。

另有一群銀髮「外朝族」，有些是夫妻倆有說有笑一起到大眾餐館吃早餐，有些則是太太不滿丈夫退休後，於週末週日還得早起為丈夫做早餐，比退休前更累，丈夫為了給妻子放假，只能主動放逐自己到外面吃早餐。

コンビニデート konbini de-to 超商約會

「コンビニ」是「コンビニエンスストア」（conveniencestore／超商）的簡稱，「デート」（date）是約會。「超商約會」是形容現代年輕男女時興不花錢的簡樸約會，例如到電腦廠商展場免費服務區一起玩電玩或上網玩占卜遊戲，巡遊門票便宜的公共美術館，吃飯時不去昂貴西餐廳而選擇便宜牛丼屋……這跟泡沫經濟時期的男女約會方案截然不同。

泡沫經濟時期的男女約會通常選擇高層飯店頂樓餐廳，兩人邊吃飯邊欣賞夜景，或到六本木會員制俱樂部喝酒跳舞。男子為了預約在聖誕節可以欣賞夜景的高層飯店房間而絞盡腦汁想破腦袋，有時提前半年或一年預約也不一定能訂到房間，就算幸運訂到房間，半年或一年後也可能已經被甩。對男子來說，當時的男女約會方案真是典型的偷雞不著蝕把米的例子，反之，現代年輕男子比較聰明。

我在看日劇《螢之光》第二部時，第四集出現女主角「傻宮」（雨宮螢）憧憬已久的約會方案：白天看電影，晚上在高雅餐廳吃飯，吃完飯到可以觀賞夜景的酒吧喝酒。此

話一出，四周人立即笑說：「這是哪個時代的約會方案？」看到這裡，我情不自禁仰天大笑。因為我很早之前便問過我家大兒子：「現在的男女約會是不是跟從前一樣，白天看電影，夜晚找家可以看夜景的高層餐廳吃飯，吃完飯再到酒吧喝酒談情說愛？」當時我家大兒子的反應跟《螢之光》劇中四周人的反應一模一樣，他還好心向我說明那是「上世紀的遺產」。不過，我想，四十歲以上的日本男女約會模式應該仍停留在上個世紀。

1990 平成二年

1999 平成十一年

以下標籤主要針對生於一九七〇年至一九七九年的日本人，
占二〇一九年十月日本總人口（不包括任何外籍人士）百分之十四·七

1990

1月　實施第一屆大學共通考試。

2月　股災爆發，泡沫經濟崩潰的前兆。

6月　日本文仁親王與川嶋紀子結婚，創設了秋篠宮。

8月　伊拉克入侵科威特。

10月　兩德統一。

11月　明仁天皇（平成天皇）舉行即位典禮；超級任天堂面世。

12月　全球資訊網面世。

1991

1月　波斯灣戰爭爆發，引發第三次石油危機。

3月　日本泡沫經濟開始崩潰。

4月　東京都都廳舍正式啟用。

8月　蘇聯發生政變。

11月　宮澤喜一內閣成立。

12月　蘇聯解體，冷戰結束。

1992

2月 歐洲共同體成立。

4月 《蠟筆小新》動漫面世；
波士尼亞戰爭爆發。

6月 日本國際和平協力法（PKO）成立，政府可以依據該法向海外派遣自衛隊。

7月 西班牙巴塞隆納奧運。

9月 日本實施學校週五日制；
六十五歲以上的人口創新紀錄，達總人口的百分之十三。

1993

1月 比爾·柯林頓就任美國總統。

4月 日本政府實施外國人技能實習制度。

5月 日本職業足球聯賽開幕。

6月 自民黨分裂；
德仁皇太子（今上天皇）與小和田雅子結婚。

7月 《完全自殺手冊》上市，引發社會廣泛議論，銷量超出一百萬本。

8月
細川護熙內閣成立；
連接東京芝浦、台場兩地的彩虹大橋開通。

11月
歐盟正式成立。

1994

4月
羽田孜內閣成立；
盧安達大屠殺事件爆發；
發生中華航空一四〇號班機空難，二六四人死亡，七人生還。

5月
南非首次出現黑人總統納爾遜・曼德拉。

6月
村山富市內閣成立；
發生松本沙林毒氣事件。

7月
北韓領導人金日成逝世。

9月
日本大阪關西國際機場啟用。

12月
家用遊戲機 PlayStation 面世。

1995

1月 發生阪神大地震，六四三四人死亡；
世貿WTO成立。

3月 發生東京地鐵沙林毒氣事件。

6月 發生全日空八五七號班機劫機事件。

11月 Windows 95 日語版面世。

12月 波士尼亞戰爭結束。

日本年度漢字 震

1996

1月 一月，日本各大超商、超市於元旦一月一日照常營業；
橋本龍太郎內閣成立。

2月 二月，Game Boy 遊戲《精靈寶可夢紅．綠》面世。

5月 五月，岡山縣瀨戶內市邑久町發生學校午餐 O-157 大腸桿菌事件。

7月 七月，日本高齡者家戶數占總家戶數的百分之十三．八；
美國亞特蘭大奧運；

7月
首隻複製羊多利誕生；
大阪府堺市發生 O-157 大腸桿菌學童集體食物中毒。

10月
十月，日本政府首次發表《高齡社會白皮書》。

12月
十二月，日本駐祕魯大使館人質危機。

日本年度漢字 食

1997

2月
二月，鄧小平逝世。

4月
四月，日本消費稅增至百分之五。

5月
五月，今村昌平執導的電影《鰻魚》獲得坎城影展金棕櫚獎。

7月
七月，香港主權返回中國；
泰國引發東亞金融風暴；
宮崎駿執導的電影《魔法公主》上映，票房達日本電影史上票房榜首。

8月
八月，威爾斯王妃黛安娜因車禍逝世。

9月
九月，北野武執導的電影《花火》獲得第五十四屆威尼斯影展金獅獎。

11月

十一月，日本第七大證券公司三洋證券公司倒閉；

日本第四大證券公司山一證券公司倒閉；

北海道拓殖银行倒閉；

日本國家足球隊打倒強敵，首次晉級世界盃，俗稱「新山的歡喜」。

12月

十二月，簽定《京都議定書》；

電影《鐵達尼號》票房超越《魔法公主》，成為日本電影史上票房榜首。

日本年度漢字 倒

1998

2月

日本郵遞區號自三位數增至七位數；

長野冬季奧運會。

7月

小淵惠三內閣成立；

Windows 98 日語版面世；

發生和歌山毒咖哩事件，引發多起模仿下毒事件。

8月

發生「一九九八年美國大使館爆炸案」，美國駐肯亞大使館、美國駐坦尚尼亞大使館同時遭遇汽車炸彈恐怖襲擊。

9月

九月，日本電影導演黑澤明逝世。

日本年度漢字 毒

1999

3月

科索沃戰爭爆發；

日本失業者超越三百萬人。

6月

日本政府為提高日本婦女的社會地位，施行《男女共同參劃社會基本法》。

7月

發生全日空六一號班機劫機事件，機長被殺。

8月

日本國旗國歌法正式生效。

9月

台灣發生九二一大地震；

日本茨城縣那珂郡東海村發生「東海村JCO臨界事故」；

東京都發生池袋隨機殺人事件（二死六傷）；

山口縣發生下關隨機殺人事件（五死十傷）。

12月

澳門主權返回中國；

千禧蟲危機。

日本年度漢字 末

中年童貞

ちゅうねんどうてい

chu-nen doutei

中年童貞

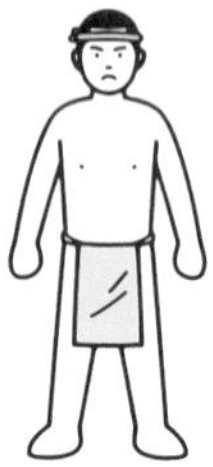

倘若當事人很想結婚，家人也期盼他們能早日成家，卻基於種種苦衷而成為剩男剩女的人，其實也不用自卑更不需汗顏。只要我們不偷不搶，不殺人不放火，把外界的閒言閒語當成耳邊風，照樣可以活得心安理得逍遙自在。畢竟人生該怎麼活的主權握在自己手中，結婚只是人生的一部分，並非生命全部。不過，如果你活了半輩子，竟從未談過戀愛也從未有過性經驗，那就未免有點孤寂甚至淡然無味，猶如在品嚐一道忘了放調味料的料理，或觀看一束毫無天然香味的塑膠花。

日本的剩男剩女中，究竟有多少人從未有過性經驗呢？據日本國立社會保障人口問題研究所二〇〇五年統計調查，三十代男女中，男子無性經驗者占二成五，女子無性經驗者占二成四。由於二〇〇五年的調查回答選擇項目有三：「過去一年以內有」、「過去一年以內沒有，但以前有」、「完全沒有」，因此不能把這一年的無性經驗者數據看成全

是處女或童貞。而有性經驗者中，或許有人是在色情店經歷過一次而已，也或許有人是在學生時代僥倖有過一次經驗，但大致說來，還是可以得出粗率估計數據。

據財團法人日本性教育協會（The Japanese Association for Sex Education，JASE）調查，日本的大學生中，男子有性經驗者占六成三，女子則為六成二。比起三十年前，男子大學生的性經驗率增加三倍，女子大學生則為六倍。日本週刊雜誌《AERA》於二〇一〇年三月十五日號刊載一篇〈東大男子的『戀愛偏差值』〉專題報導，對一百三十四名東京大學男子學生進行調查，結果有二成八的東大男子學生從未與異性交往過，四成五的男子學生從未有過性經驗；其他五成五有過性經驗的男子學生中，有三成二是升大學後才經歷初體驗。

東大男子有性經驗的人數雖比全國平均的六成三低，但東大男子大部分是男校畢業，何況在考進東大之前恐怕也沒時間談戀愛，更別提性經驗了，四成五的童貞率數據應該正確無誤。

年近四十仍是處女的女子，別人頂多給她冠個「老處女」標籤，只要當事人不在乎，照樣可以過日子；但年近四十仍是童貞的男子，立場便完全兩樣，當事人很可能會覺得無地自容，甚至不敢向父母或朋友坦白，可以說是敗犬男中的難民，無處申冤。

日本內閣府於二〇〇五年進行的《有關少子化國際意識調查》報告書更有趣，調查對象是五個國家二十至四十九歲的男女，在此只抽取其中一部分「從未和異性交往過」的統計數據。圖表數字可以看出從未談過戀愛的日本男性確實很多，在五個國家中居首位，而這些從未和異性交往過的人很有可能正是「中年童貞族」候補。令人驚訝的是女性統計數字中，法國女子竟然排行第一。法國總給人戀愛大國的形象，不料事實與形象大相逕庭。

或許有人會認為二〇〇五年的官方統計資料太舊，那我再舉個最新且最新潮的統計資料。這是廣受日本年輕人喜愛的「未來檢索巴西」網站曾做過的統計，該網站目前用戶約四萬六千名，大部分都是2ch網民。其中，男子

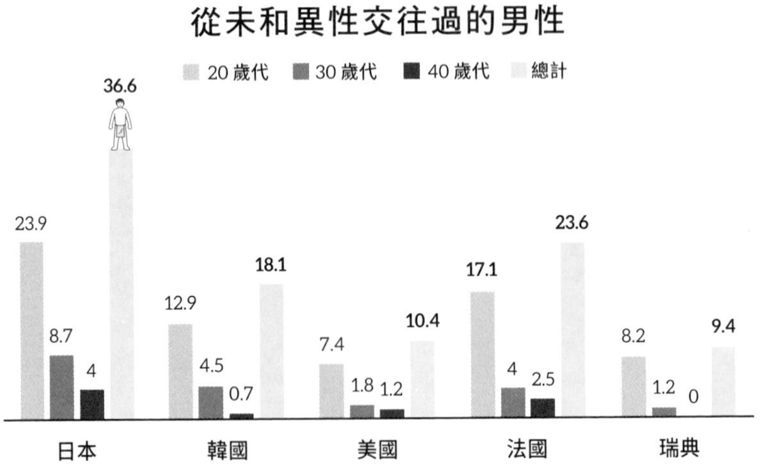

占六成六，女子占三成一；一九九〇年以後出生的占一成三，一九八〇年以後出生的占三成六，一九七〇年以後出生的占二成八，一九六〇年以後出生的占一成三；總的說來，八〇後的年輕人占半數。

原本的提問是「你在第幾次約會時與對方接吻」，不料得出的結果竟然有將近四成的人從未與異性約會過，當然也就沒有初吻經驗。統計數據出來後，有些 2ch 網民說，如果此項調查的對象是 mixi 網路社區的人，得出的數據肯定不一樣；也有些網民於事後自嘲不該據實回答，否則就不會出現如此「丟臉」的數據。我看得忍俊不禁，覺得這些新生代網民既老實又可愛，另一方面，看了他們的留言反應，也認為此數據非常接近事實。

キープ君 ki-pukun 保留君

「キープ」是英文的「keep」，後面跟個「君」字，表示女子在遇見理想結婚對象的「本命君」（ほんめいくん／honmeikun）之前所「保留」的男二號；或者女子已有想結婚的

對象，對方卻不以為然或有困難，兩人隨時有分手的可能，此時「保留君」便能晉升為男一號的「本命君」。這個詞本為泡沫經濟期間的流行語，按常情來說，應該隨泡沫經濟崩潰而作廢，不知為何竟存活下來，成為日語慣用詞之一。大概是有需求才能存活吧。

「保留君」和中文的「劈腿」意義不同。劈腿是腳踏兩條甚或多條船的行為，表示當事者用情不專，同時與一人以上有明確的交往關係，包括心靈與肉體；但「保留君」只是候補位子，也就是說，你暗戀對方，但對方已有眾人公認的男友或暗戀著別人，只能與你保持較親密的友誼關係。不過，男女間的感情本就無可預測，隨時會風雲突變，「保留君」晉升為「本命君」的機率很大。

アッシー君 asshi-kun 足君

「アッシー」由「足」（あし／ashi）衍生而來，而「足」又是自家用車的慣用詞，後面加個「君」字，表示該男女之間沒有戀愛感情或友誼關係，但男方願意當女方的無償

交通工具，專車接送女方到任何地方。這種行為往往出自男方的單戀感情，否則在這個連養活自己都很困難的時代，誰願意無償為女方效勞？

類似詞是「メッシー君」（messhi-kun，飯君），專門請女方吃飯的男子。另一個詞是「貢ぐ君」（mitsugukun，冤大頭之意），是專門在女方購物時刷卡的男子。這些詞都是日本媒體於泡沫經濟時期積極鼓吹的時尚風潮，算是上世紀的遺物，現代日本女子已不會如此形容男子，但會用在自己的丈夫或父親身上。就某種意義來說，丈夫或父親確實同時身兼「足君」、「飯君」、「貢君」三種身分。

イケダン ikedan 體面老公

這是「イケてるダンナ」（iketeru danna）的略稱，亦即各方面均優秀得足以向他人炫耀的丈夫。這種丈夫比「満点パパ」（mantenpapa，滿點爸爸）更上一百層樓。「滿點爸爸」通常是妻子給丈夫打分，沒有基準，而且並非一年三百六十五天都能得滿分，有時也可能得個大鴨蛋。「イケダン」的條件非常高，不但須具有工作能力，還得主動幫忙育兒

及家事，並且五官英俊、身材高壯、穿著時尚等。

或許有人會說：「嚇！到哪兒去找這種老公？把妳的燈籠借給我，我自己找去！」

不過，不知是不是時代變了，這世上就是有這種丈夫。我是偶然在電視上看到「イケダン」專訪節目，如果不是事前知道節目內容，光看出現在節目中的男人打扮，我會以為是在介紹別人的英俊丈夫而已。但這些英俊丈夫在公司不但比人高出一頭，上班前明明穿著西裝打著領帶，仍理所當然地騎著媽媽自行車送孩子到托兒所，做起家務事絕不輸女人。總之，就是能幹又英俊的老公，而且動作迅速手腳俐落，不像有些丈夫一坐到沙發，屁股便黏在沙發似的，妻子用掃帚趕也趕不走，用吸塵器更吸不進去。

ヒラリーマン hirari-man 小職員

這詞是「平社員」（ひらしゃいん／hirashain，小職員）和「サラリーマン」（sarari-man，上班族）合成的詞，簡單說來是沒混上一官半職的上班族小職員。其實小職員也有小職員的好處，倘若他們願意，可以化身為「マイホームパパ」（my home papa），每天定時在傍

晚六點或七點回家吃晚飯，週末週日帶全家人出門遊樂，育兒和家務也會幫上一手，唯一的遺憾是妻子不能冀求他們在公司升官，年薪也永遠處於地平線狀態。

我記得一九七〇年代曾流行過「モーレツ社員」（mo-retsu shain，猛烈社員）和「企業戰士」（きぎょうせんし／kigyo-senshi）。這些男人的生活重心以工作為主，完全不顧家庭，宛如在商業戰場作戰的兵士，只聽從上司的命令，是一種「仕事中毒」（しごとちゅうどく／shigoto chu-doku，英文為 workaholic）症。對妻子來說，這種丈夫如同裝飾，有丈夫等同沒丈夫，搞不好最後還來個「過労死」（かろうし／Karo-shi），或因身心俱疲症候群（Burnout Syndrome）而自殺。

倘若妻子想望夫成龍，必須承擔丈夫夜晚不回家吃晚飯，週末週日不是出差便是陪客戶打高爾夫球，甚至在外搞婚外戀的風險。唯一的回報是丈夫可以升官，年薪也會節節攀高。請問各位女性讀者，妳想選擇哪一種丈夫？千萬別以為天上會掉下元寶，白馬王子會千里迢迢來請妳坐上錦轎，那都是白日夢。前面提過的「イケダン」畢竟是少數。奉勸女性在婚前最好先問清自己，妳要的是哪種丈夫？如果選擇其一，婚後就不要責怪丈夫沒出息或不顧家。只是，無論妳選擇哪一種丈夫，都不能保證妳必定能得到幸福的婚姻生活。

パパ友 papatomo 爸爸友

最近的日本年輕爸爸對育兒相當積極，他們在公園、托兒所、幼稚園、網路社群等，透過育兒問題或孩子關係而結識的朋友便是「爸爸友」。有項調查統計指出，家中有未滿三歲幼兒的家庭，因大部分的爸爸都有陪產經驗，約有八成五的爸爸會幫孩子換尿布，五成三的爸爸有年齡、職場、行業均不同的「爸爸友」。

一般說來，男性的人際關係通常集中在職場，鮮少與實際居住的社區居民來往。但現代的年輕爸爸已不再把育兒責任全推到媽媽肩上，他們會先在職場尋找「爸爸友」切磋琢磨，其次找同班同學，要不然乾脆參加「媽媽友」聚會，直接與妻子的「媽媽友」丈夫認識，再將對方列入「爸爸友」之一。

不過，「爸爸友」圈子似乎比「媽媽友」圈子小得多，一名爸爸的「爸爸友」平均人數約一至五人，很少有超過五人的例子。願意積極結交「爸爸友」的爸爸通常很關心孩子的事，至於那些對育兒毫不關心的爸爸，是典型的「圈外パパ」（けんがいぱぱ／kengai papa，圈外爸爸）。

1990
⋮
1999

趣味父子

しゅみふし

shumi fushi

志趣相投父子

日文的「趣味」（shumi）是愛好、興趣。正要上小學的孩子對任何事都很感興趣，如果膝下有這種年齡的孩子，爸爸可以趁機傳授自己的專長給孩子。例如爸爸在業餘時喜好木工活或攝影、畫畫、球技、料理等，父子倆於休閒時間一起拿著鐵鎚釘釘打打製作狗屋，或拿著畫筆對著院子的花草寫生，或躲進廚房一起做蛋糕，或乾脆揹著背包到戶外攝影或打球，這就是「趣味父子」。

這種爸爸跟「御宅爸爸」有點類似，不過「御宅爸爸」比較專業，沉迷的亦是次文化產品；「趣味父子」爸爸的守備範圍則比較廣泛，而且只限父子。現代日本年輕爸爸已不再苛求兒子將來一定要步入考上一流大學、進一流企業的單一人生路線，他們多半希望兒子能在技術、創意領域有一技之長，如此才能對應變化多端的未來社會。

專業主夫

せんぎょうしゅふ
sengyou shufu

專業主夫

日本自一九九〇年以後，無法當正規雇員的人數驟增，二〇〇五年起出現貧富差距現象，「窮忙族」（working poor，在職貧窮）有增無減，這些族群雖擁有固定工作，收入卻不足以養家，所以日本的貧富差距問題大部分集中在四十歲以下的世代。

在這種時代趨勢中，志願婚後當專業主夫的日本男性愈來愈多。據日本內閣府於二〇〇九年十二月發布的《男女共同參畫民意調查》統計，日本人全體有五成五的人反對男主外、女主內傳統觀念。其中二十代以下的男子占六成三，三十代男子占五成，四十代男子占五成五，五十代男子占五成，六十代男子占五成四。

另一方面，日本總務省於二〇〇五年的國勢調查中，得知日本的兼業主夫約三萬人，專業主夫則有兩萬一千人。二〇一〇年的國勢調查所得出的數據則為，兼業主夫約二萬九千人，專業主夫約六萬人。此潮流並非日本專利，韓國、中國的專業主夫都在驟增中，據說韓國的專業主夫比日本多，二〇〇六年的統計數據高達十五萬人。

日本樂天集團婚介公司 O-net 於二〇〇九年六月發布一項結婚意識調查統計，結果有六成二的二十代男子與七成的三十代男子表示，只要妻子收入高，當專業主夫也無所謂。神奈川縣川崎市於二〇一〇年六月甚至出現一所專為這些日後想當專業主夫的男子創辦的學校「主夫婚學校 KIWI STYLE」。只是，曾經或目前是專業主婦的女性應該都很清楚，主婦這行業很辛苦，男性能否擔當得起仍是個未知數，但「專業主夫」一詞逐漸廣受矚目倒是事實。

附帶一提，日本自一九九〇年起，妻子比丈夫年長的姊弟夫妻比率逐年增高。一九九〇年的姊弟夫妻比率僅占全體的一成四，但到了二〇〇九年竟飆升至二成四。這數據與丈夫比妻子大二至四歲的固有比率剛好持平，兩者均在目前日本夫妻年齡差異構成比率中占最高位。這種姊弟夫妻比率飆升的現象，應該可以解釋為現代四十歲以下的日本男性已逐漸能接受「女主外、男主內」的新觀念，但前提是妻子必定是個能幹的女人。

另有一項統計也很有趣。提問是：「假如丈夫比妳小，妳能容忍的年齡是幾歲？」排行第一的是五歲，占三成六；其次是三歲，占一成七；排行第三的是十歲，占一成四。整體看來，半數以上的女子可以接受比自己小五歲以內的丈夫，最大限度是十歲。反之，

年長丈夫的最大限度是十五歲；排行首位的是十歲，占三成五；其次是五歲，占三成三；排行第三是十五歲，占百分之六。考慮到日本女性的平均壽命問題，我想，找個比自己小的老公似乎比較保險，至少可以少過幾年的寡婦日子。

アラサー arasa- Around 30

這詞是二〇〇六年廣泛傳開的和製英語，據說是二〇〇五年十月創刊的女性月刊時尚雜誌《GISELe》，因為不想標出女性的具體年齡而創出的新詞，正確說法應該是「around the age of 30」，簡稱「around thirty／Around 30」，專指二十五歲至三十四歲的女子，縮小範圍則為二十八歲至三十二歲的女子。她們剛好處於二十代和三十代的中間地帶，不喜按舊習被歸納為「二十代」或「三十代」，於是這詞一出現立即風行全日本。仔細想想，同樣是二十代或三十代，二十歲和二十九歲的人與三十歲和三十九歲的人，兩者之間相差九歲，難怪處於中間地帶的女子寧願選擇這個新詞。

三十五歲至四十四歲則稱為「アラフォー」（arafo-／Around 40）。二〇〇八年四月至六月，日本TBS電視台播出連續劇《Around 40》，副標題是「要求特多的女人們」，台灣緯來日本台播出時翻譯為《熟女在身邊》。「要求特多」並非意味「任性」，而是指

這個年齡層的女性，無論已婚或未婚，均因為思想獨立自主，認為自己的幸福指標應該由自己決定，而非世間或他人。換句話說，只要自己認為自己活得很好即可。此劇播出後，「アラフォー」這個詞即廣為人知，甚至引起一股「Around 40現象」風潮，並拿下二〇〇八年的流行語大賞。

負け犬 まけいぬ makeinu 敗犬

「敗犬の遠吠え」（makeinu no to-boe）是日本原有的慣用句，本為奚落在鬥爭中打敗並逃到安全地點回頭狂吠的狗，用在人族身上，表示某些明明在競爭中失敗，仍不認輸地到處大聲為自己辯解的人。「敗犬」為「輸家」之意，養過狗狗的人應該都明白不會打架的狗，叫聲最大。即便黑道人士，亦是最底層的小混混才會向一般市民耍威風，而生活在東方（此處指中、日、韓）國家的人更知曉韜光養晦免遭人妒恨的道理。真正有能力且成功的人，通常會隱藏自己的爪子，身段放得很低，所以日本人向來慣用「敗犬的遠吠」

形容那些沒有能力又愛叫囂的人。

日本散文家酒井順子（さかいじゅんこ／Sakai junko）於二〇〇三年上市的《敗犬的遠吠》一書中，描述現代女子無論工作能力有多能幹或賺再多的錢，只要妳超過三十歲仍未婚，膝下又無子女的話，便是「敗犬」。酒井順子寫這本書的目的是為那些已過適婚年齡仍未婚的女子聲援助威，但在日本社會中，這些女子若大聲主張自己過得幸福逍遙，很容易激起四周人的反感，於是她才故意自嘲為「敗犬」，書名也取為《敗犬的遠吠》，表示她的主張只是「遠吠」而已，算是一種自衛手段。這本書的書名取得非常好，既得到「敗犬」的掌聲，也不會遭「勝犬」以白眼瞪之。

書的內容是用反諷方式為那些遭世間人或父母閒言閒語的剩女加油吶喊，並非真的視她們為「敗犬」。但此書暢銷後，許多日本三十代未婚女子不約而同用這個詞當擋箭牌，年輕一代的ＯＬ甚至用來揶揄某些在公司對後輩頤指氣使的晚娘面孔資深未婚前輩，這個詞才會變形為現今這種用法。

我覺得無論「敗犬」或「勝犬」，每個女人的現實生活都不一樣。「敗犬」中有許多長相平平、工作能力欠佳、收入低、想結婚卻沒緣份的人；而「勝犬」中也有許多肩扛想離婚卻離不了、生的孩子是社會敗類、丈夫玩婚外戀或是家暴施虐者等問題的人，沒

法全部以「敗犬」、「勝犬」來分類。既然每個女人的人生都如拼圖零片般各式各樣，我們乾脆冷暖自知地筆直走自己的路。

晚孃 バンジョー banzyo- 晚婚、晚產的女子

「晚孃」指晚婚、晚產的女子，當然也包括目前仍未婚的女子，年齡多半在三十代後半至四十代前半。「孃」是敬稱，小姐、姑娘、千金大小姐、令媛之意。「晚孃」形容婚前在父母庇護下過著飯來張口，茶來伸手的生活，由於日子太舒適，不知不覺中錯過婚期的女子，亦即「晚年的大小姐」。

她們根本不在乎別人的眼光，工作能力強，可自由使用的收入多，賺了錢就去旅遊、追尋美食，對戀愛很積極，待人態度從容。即便晚婚、晚產，婚後也不會成為黃臉婆，精力充沛，學習熱情旺盛，積極參與社會公益活動，環保、動保意識強烈。倘若「干物女」是北極女，「晚孃」應該是赤道女。

サボテン女 saboten onna 仙人掌女

光看漢字字義，可能會聯想到「干物女」，實際上兩者的生活態度確實有點相似。仙人掌不需要太多水分也能活，「仙人掌女」則是生活中幾乎沒有水分：不進廚房做飯，吃的都是超商便當；非得等到洗衣機堆滿髒衣服時才會轉動洗衣機；不打掃，埋在垃圾堆中生活也無所謂；不談戀愛；房間亂得無立足之地，因而沒有朋友願意造訪；不在浴缸泡澡，只用超短時間淋浴（這點與日本的風俗習慣有關，畢竟不泡熱水澡的民族多得很）；給人的第一印象如同全身長滿了刺。總之是身心均缺乏水分並帶刺的獨居女子，據說她們連真正的仙人掌都養不活。

如果這世上只剩「干物女」與「仙人掌女」，不知男性會選擇哪一方？

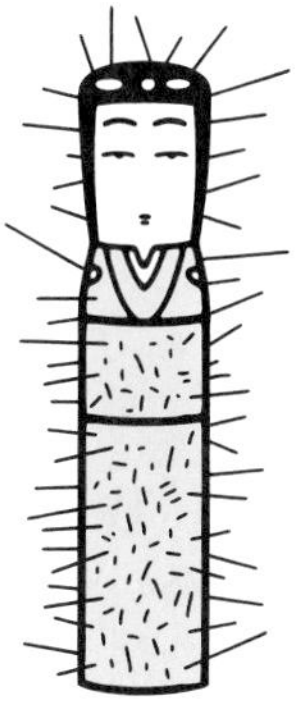

マート族 ma-tozoku Mart族

指月刊雜誌《Mart》的讀者群，大部分是生於一九七一年至一九七八年的「團塊第二代」的專業主婦。《Mart》雜誌的編輯方式與其他主婦雜誌不同，是讀者參與的生活雜誌，會員讀者不但可以提出商品企劃，也能當雜誌模特兒，甚至可以自我推薦手製商品或自家食譜。不過，讀者會員的條件相當嚴格，是窄門中的窄門，並非阿貓阿狗都能上雜誌，必須經過審查。

這群讀者會員選中的商品都能暢銷，例如她們在雜誌發表自家食譜時，除了介紹料理製法，也特別注重盛料理的餐具及餐桌上的小道具，待雜誌上市後，發表料理的當事人再於部落格自娛一下，那些本為配角的餐具和小道具、調味料定會暢銷，經濟雜誌甚至稱她們為「暢銷商品的源泉」或「暢銷商品的搖籃」。

由於讀者群是專業主婦，商品都是日常生活必用雜貨、家居服飾、家電、家具、食品、餐具、炊具、化妝品等，只是這些商品的裝飾及用法全出自讀者的創意，而且均為廉價品。另一個特徵是同一個商品轉到不同人手上，基於個人喜好及創意，會出現

完全不同的效果與美感，這點非常有趣，很適合價值觀趨向多元化的現代人。

我到超市買菜時，都會到雜誌櫃逛一下，看看《Mart》當月號有沒有什麼超簡單的新食譜或調味料另類應用法。因為我平日通常在趕稿，沒時間掛在網上瀏覽無以數計的食譜部落格，最佳捷徑正是參考現役專業主婦創出的食譜或她們已試用過的調味料。

ホットママ hot Mama Hot Mama

這詞傳自美國，形容在懷孕期間仍很愛打扮並積極消費的媽媽。這群媽媽即便身懷六甲也不叫苦，加班後仍會結伴到健身房運動，或和朋友一起出門旅遊泡溫泉、尋美食，甚至捧著個大肚子到美容中心做臉。她們不穿孕婦裝，通常會精心挑選寬鬆洋裝或可以調整腰圍的長褲，打扮得風風光光在街頭闊步。

義理ママ ぎりまま girimama 義理媽媽

這是現代日本年輕女子對婆婆的稱呼。日文的親戚關係稱呼不像中文那般條理分明，口語稱呼「母」（haha）」時，除非加以說明，否則對方無法分辨這個「母」到底是生母還是繼母或婆婆。以前對婆婆的稱呼是「義理の母」（giri no haha），但現代女子嫌此稱呼過於客氣生疏，便用「媽媽」代替「母」，聽起來比較親密。稱自己的生母、生父則用「実ママ」（jitsu mama／實媽媽）、「実パパ」（jitsu papa／實爸爸）。

公園デビュー kouendebyu- 公園登台

「公園登台」是第一次帶孩子到住居附近的兒童公園加入當地媽媽社交圈的稱呼。在日本，無論妳住的是公寓或獨門獨院的房子，只要家中有幼兒，當媽媽的都必須通過這

一關。

膝下有剛學會走路的幼兒的媽媽大部分是專業主婦，每天上午家事告一段落的十點左右，社區內的媽媽會牽著孩子紛紛聚集在社區兒童公園，讓孩子盪鞦韆、溜滑梯、玩沙土，學習團體生活，媽媽則彼此交換育兒知識。中午再各自回家吃中飯，哄孩子睡午覺。下午四點左右再帶孩子聚集在公園聊天。

不論哪個縣市，這種社區兒童公園可以說是日本家庭的社交場所。除非妳寧願讓孩子每天關在家中，否則對每個已婚、膝下有幼兒的女人來說，公園社交是必經之路。千萬不能視「公園登台」為一樁小事，萬一失敗，在孩子上幼稚園前的三四年期間，母子倆都會過得很孤獨。

不過，二〇〇〇年中旬以後，由於專業主婦遞減，新手媽媽們的資訊來源以及社交環境，也轉移到上網搜尋和參與社交網站，因而在某些城市，「公園登台」儀式已被視為是一九九〇年代的遺物了。

低温世代

ていおんせだい
teion sedai

低温世代

泛指在泡沫經濟崩潰後的「失去的十年」期間出社會的人，年齡大致是在一九九〇年代中旬至二〇〇〇年代中旬這段期間中，高中及大學畢業的人。他們受過就職冰河期的考驗與磨練，不理解景氣高峰期的社會瘋狂狀況，進公司後，日本經濟陷入低成長期，既無法期待年薪會逐年增高，又無法辭職找其他工作。大部分人菸酒不沾，緊縮開支，努力存錢並利用網路做些能賺錢的副業。

這世代的特徵是做事踏實，冷靜看待社會，關心環保和公益活動，凡事不求美觀只講實用，不追求虛浮名聲與社會地位，只期望日子可以過得充實。他們另一個特色是不憧憬大都市生活，默默推動「地產地消」（ちさんちしょう／chisanchisyo-）運動，即該地生產的農產品於該地消費的環保型消費方式。日本內閣府曾做過統計，據悉這世代僅有兩

成的人對未來不懷希望，反倒是享受過泡沫經濟甜頭的世代視未來為灰色世界。既然有八成的人認為未來社會可以好轉，只能等他們接棒運轉這個社會時，再看他們能做出什麼事。

団塊ジュニア dankai junior 團塊第二代

廣義說來泛指生於一九七一年至一九七八年的世代，人口約一五三〇萬。這世代在一九八〇年代後半初中畢業當時，大部分都擁有自己的房間，家中均有電視、收錄機、迷你音響、電話、打字機等通訊機器，快餐店、超商急速普及，動漫、電玩文化興起。他們在一九八〇年代的泡沫經濟文化中成長，也是多媒體時代的第一代。

他們上小學時，日本經濟處於安定成長期，初中至高中期間剛好是泡沫經濟期，由於人口多，從小便生活在競爭環境中。待他們成人時，泡沫經濟崩潰，許多人不得不成為飛特族或非正規雇用者。有些人明明學歷很高，卻只能在員工二十人以下的小公

司做低薪資、高工作量的工作，之後又遭遇一九九七年的亞洲金融危機，被迫辭職而成為飛特族。總之是很倒楣的世代，因此另有「貧乏クジ世代」（びんぼうくじせだい／binboukujisedai，倒楣世代）或「不運の世代」（ふうんのせだい／huun no sedai，不走運的世代）之稱。這群在一九八〇年代成長的世代有幾項特徵。

游離性高：可能因人口多，競爭激烈，他們對自己缺乏自信，非常在意流行走向，容易受別人意見影響，很在乎異性的眼光，往往故意漠視他人的看法與意見，表現出傍若無人的態度。他們重視肉體感覺，「愉快」與「不快」分界明顯，這可以從他們喜歡舒坦鬆垮服裝、饒舌歌（rap music）、牙買加雷鬼音樂（reggae）等幾項共通點看出。

不擅與人溝通：交際範圍比一九六〇年代出生的「新人類」狹窄，對人際關係不感興趣，朋友之間的連帶感也很薄弱。初高中時代的主要社交工具是呼叫器，打電話時也不喜歡東拉西扯講個不停。換句話說，他們一般都不擅於與他人討論沉重的社會問題，朋友之間也鮮少聊到私人煩惱之類的陰鬱話題，所有的人際關係都點到為止，不深入干涉對方的私事。

嗜好卡拉ＯＫ：八成以上的「團塊第二代」於青春期每個月都會定期和朋友去唱卡拉ＯＫ，這也是「不擅與人溝通」的特徵之一。若是參加飯局聚會，免不了得跟別人談

論各種話題，卡拉ＯＫ卻可以迴避這種麻煩，大家聚在一起唱唱歌，唱完就揮手說拜拜，既可享受一時的沸騰氣氛，又可排除一切深入對方私生活的人際關係。

肯定神怪世界：大體說來，「新人類」否定死後的世界與占卜算命這些不切實際的東西，「團塊第二代」卻非常支持這類缺乏理論性的八卦。對於超自然能力、幽浮、死後的世界等所有與科學背道而馳的科目均能全盤接受。

盲從媒體：這群從小就在大量動漫、眾多雜誌中成長的世代，很容易盲目跟隨媒體東跑西竄。「新人類」世代喜歡探求媒體製造出的流行話題幕後真相，「團塊第二代」卻有現實與虛構混為一談的傾向，不擅分析媒體內部構造，也懶得追究媒體報導背後的另一面深層意義。不過，網路普及已多年的今日，他們反倒變成不信任媒體的一群，男子通常自己下判斷，女子則找「媽媽友」商量。

パラサイト・シングル
Parasite single
寄生單身族

意為已經出社會，有固定收入，仍繼續跟家人同住的未婚上班族。這個詞帶有貶意，諷刺那些不用付房租及水電費，家事全由母親負擔，賺來的工資則由自己支配，生活過得悠哉舒適的單身上班族。有些人會每個月付生活費給父母，但頂多是形式上的二至五萬日圓支出而已。比起離開原生家庭自食其力的單身者，這些寄生單身族可以自由花費自己的工資，生活過得逍遙寫意。典型的女子「寄生單身族」例子正是前面提過的「晚孃」。其實世界各地都有「寄生單身族」，他們無法離開原生家庭的理由各式各樣，不能一竿子打翻一條船地指責他們都是寄生蟲。有些國家的弱勢族群是因為家裡太窮，必須全家人住在一起，全家老少都出去掙錢，才得以生存；有些國家則因為地狹人稠，孩子成年後也沒辦法另築新巢。

一九九〇年代的日本二十、三十代「寄生單身族」，日子確實過得光鮮亮麗，但二〇〇〇年以後的「寄生單身族」，有不少人是因為無法成為正職員工，只能當隨時都有可能被砍頭的臨時工，因此即便當事人很想離巢，也缺乏有力的翅膀，飛不起來。

最近又出現一個新詞「パラサイト中年」（寄生中年族），亦即往昔那些年輕寄生單身族，在過了二十年、三十年後的今日，仍保持未婚身分，便成為「寄生中年族」。

根據日本總務省二〇一六年統計，三十五歲至四十四歲的壯年未婚男女人口中，與父母同住的人在一九八〇年約有三十九萬人，占同年齡層的百分之二・二，但在二〇一六年時，驟增為百分之十六・三，約有二百八十八萬人。其中，基本生活完全仰賴父母的人，在一九八〇年時僅有五萬人，到了二〇一六年時，竟增加至五十二萬人。若將年齡層擴大至三十五歲至五十四歲的未婚男女人口，與父母同住的人便增加至四百五十萬人。

試想，當這些人的父母相繼過世後，他們將何去何從呢？專家呼籲，這些不婚、不生、不離巢的「寄生中年族」，很有可能為了長照問題而離職，待父母過世後，更有可能滑落至社會底層，成為無親無故、必須仰賴政府救濟的孤單老人。

不過，某些工資優渥的上班族中年單身男性，因有母親在照顧他們的身邊瑣事，遲遲不願離開原生家庭，連理想的結婚對象也是「類似母親的人」，這種例子可能最糟糕。年近四十或已過四十的單身男子，父母應該都已退休，緊接下來便是看護年老父母的問題，他們的舒適「寄生單身族」日子大概也不會太長了。

引きこもり hikikomori 隱蔽青年，蟄居族

意為因各種因素，拒絕與社會接觸，不上學也不工作，長年躲在自家個人空間的人。有些人終年關在自己房內，有些人會外出，但只限自家附近，而且外出次數非常少。往昔，專家或一般人都認為「hikikomori」是一種思春期心病，以青少年為主，但現在似乎已超越此範疇，進化為千態萬狀的病例，早已無法抽出其共同性和普遍性加以概括。

最近常見的例子是，當事人在成為上班族之前都沒發生過任何拒絕與社會接觸的問題，但某天早上，他們突然發現自己竟沒法下床，或想到公司上班卻無法走出大門，有些人是在通勤電車中出現心跳過快的現象。這些人當中，男性占七成，將近半數是三十至三十四歲的人。主要原因是不適應職場，其次是生病，第三個原因是對人際關係失去信任。起初他們會向公司請假，之後乾脆辭職，辭職後又因大白天不敢在外閒逛，於是逐漸閉門不出，最終完全隱蔽。據說曾一度脫離社會的人很難再度主動走進社會。

東京都曾做過調查，得悉三十五歲以上的高齡蟄居者大半因工作壓力或職場人際關係而發病，而且隱蔽期間非常長，七年以上的人占六成。日本厚生勞動省也於二〇一〇

年發表道，「hikikomori」的主要原因是心理發展障礙，而這種病症並非兒童時期才會出現，成人的發展障礙通常會併發憂鬱症或酒精、藥物、網路中毒症。這些人由於學生時期成績非常好，只是不擅與人交際，導致四周人甚或自己也察覺不出，等他們出社會工作時，才發現無法與人溝通。這也是日本高齡蟄居者逐漸增多之因。

二〇一八年十二月，日本內閣府首次針對四十歲至六十四歲的中高年層進行調查，並於翌年三月發布調查結果。結果顯示，關在自己家中半年以上閉門不出的中高年蟄居者，推計多達六十一萬三千人。這些人當中，七成以上是男性，蟄居期間超出七年的占半數以上。由於此數字高於十五歲至三十九歲的五十四萬一千名青壯年蟄居者，發布登出後，在日本國內掀起了一陣熱議，轟動一時。

日本內閣府將蟄居族定義為「關在自己房間或住居」、「除了滿足自己愛好或去住家附近的便利商店以外，幾乎足不出戶」的狀態，持續半年以上的人。這次的調查也納入了專業主婦和主夫，若只和家人接觸，不和外界有任何社交互動的人，全被列入蟄居族。

根據研究，日本早在一九七〇年代便出現了蟄居族事例，八〇至九〇年代急劇增加，二〇〇〇年以後成為不可忽視的社會問題。蟄居族第一代大約出生於一九六〇年前後，這些人在七〇年代時是拒絕上學的孩子，成人後再轉變為蟄居，不過這個時期的數量並

不多。八〇年代以後，拒絕上學的學童數量與日俱增，蟄居族人數也隨之有增無減，算是一種大規模的爆發式現象。

日本是只讓人們依循單一軌道前進的社會，若因故脫離了正軌，便很難再度融入主流社會，只能一直線滑落至社會底層，終生都無法重見天日。日本政府目前對蟄居族的社會福利制度措施，限制在三十九歲以下，若無法及時提出有效的救濟政策，那些中高年蟄居族，日後該如何面對自己的人生尾聲呢？

親指族 おやゆびぞく oyayubizoku 大拇指族

一九五〇年代的「親指族」指的是沉迷於彈珠機（台灣稱「柏青哥」）的人，往昔的彈珠機是用大拇指一個個打出彈珠，而非自動式彈珠機。現在則泛指所有頻繁使用手機、短訊、網路、電玩的人，尤其手機通常用大拇指撥號或發信收信，而且用手機拍照時也以大拇指為主，因此目前主要指手機使用者。手機愈來愈方便且多功能，可以上網亦可

拍照攝影，甚至可安裝導航。正因為手機太方便，費用也比電腦便宜，日本出現不少不會用電腦也不會打鍵盤的「ＰＣ文盲」，年齡集中在一九九〇年代之後出生的人。

個族、孤族 こぞく kozoku

個族

「個族」是「家族」（kazoku）的反義詞，原本用來諷刺那些住在同一個屋簷下卻彼此互不干涉，不但用餐時間不同、睡覺房間不同，連電視也各自在自己房間看的家族，現在則泛指獨居者。

現代人不喜過問他人的私事，當然也不喜他人干涉自己的生活，再者超商和速食店、投幣式自助洗衣店普及，一個人也可以過日子，導致「個族」有增無減。有些從地方城市到大都市求職並定居的人，如同斷了線的風箏，完全與老家及所有親戚切斷聯繫，即便因故過世也沒人來認領屍體。「個族」與日俱增，「孤獨死」當然也會隨之增加，於是形成「無緣社會」。

一般說來，每個人應該都有血緣、地緣、社緣（公司同事）三種人際關係，亦即「個

人」居中心，但「個人」四周至少環繞著家人、鄰居、職場同事這三種關係的人。不過，現代日本社會的「無緣死」（むえんし／muenshi）年間事例高達三萬兩千，甚至有兒子和老母或老父住在同一棟公寓的不同層，老母或老父死後一個多月才被人發現的例子。這種例子正證明日本的血緣關係已逐漸稀薄。

地緣是鄰居，但住在都市區的獨居者通常不與鄰居交流，即便死在自己房內也沒人察覺。至於職場關係的「社緣」，也因長年來的經濟不景氣和日本企業年功序列制度瓦解，三人中有一人是隨時會被炒魷魚的非正規雇員，當然也就沒有所謂的「社緣」。

往昔的血緣、地緣、社緣三者間有連線，例如父母認識孩子的朋友或同事，年功序列時代的同事也是全家人一起交流，鄰居關係比現在更密切，至少認識彼此的家人。如今這條連線斷了，鄰居不認識鄰家的父母或孩子，孩子從未帶朋友或同事到家裡介紹給父母，職場關係更疏遠，同事多年竟連對方的家族構成都不清楚。

有些人因離開故鄉到大都市闖天下，卻不得志，於是逐漸與血緣斷了關係；有些人因膝下沒有孩子，與兄弟姊妹又不常見面，孤獨一個人死去後，關係類似陌生人的侄子或外甥女不願來認領屍體；有些人則因離婚，一夕之間失去許多姻親；有些人因不斷換職場，沒法構築「社緣」。種種原因錯綜複雜地糾結一起，「無緣社會」於焉誕生。

派手婚

はでこん
hadekon

豪華婚禮

意指舉辦豪華、時髦的婚禮，通常鎖定在一九八六年至一九九一年間泡沫經濟那時期，當時的婚禮潮流是在超一流酒店辦婚禮，一場婚禮費用平均五百萬日圓以上，新娘新郎利用纜車在煙霧中空降之類的上千萬婚禮亦不稀奇，蜜月旅行一定是歐美諸國。泡沫經濟破裂後的一九九〇年代後半至二〇〇〇年代，出現了「地味婚」（じみこん／jimikon），質樸婚禮，費用通常壓在一百萬日圓以下。二〇一〇年代，日本社會通貨緊縮問題益發深刻，於是又出現了只到市政府機關提交婚姻登記申請書，婚禮、婚宴、蜜月旅行全免的「ナシ婚」（ナシこん／nashikon）。

之後，安倍晉三於二〇一二年就任內閣總理，積極實施了一系列的貨幣寬鬆政策，俗稱「安倍經濟學」，令日本經濟的前景看似有了亮光，隨之而來的就是「おもてなし婚」（omotenashikon／款待婚），費用介於「派手婚」與「地味婚」之間。婚宴的主角不是新娘新郎，而是特地送紅包並參加婚禮婚宴的客人，簡單說來就是新娘新郎於事前費盡心思，設計出能讓客人心滿意足吃完一頓喜酒的婚禮。「おもてなし婚」的最大特徵是「ナシ婚」

夫婦於婚後數年，帶著孩子重新舉辦婚宴的例子。

事実婚 じじつこん jijitsukon 事實婚

指不辦理結婚登記、不入籍，但兩人實際過的是夫妻生活的婚姻，同義詞是「內縁」（ないえん／naien）。在日本，事實婚和法律婚沒什麼差別，只是無法適用配偶撫養扣除制度，也不能成為遺產合法繼承人。倘若女方有經濟能力，事實婚反倒比較方便，既不用改姓，也不用與丈夫的家族成為姻戚而惹來諸多麻煩。如果女方缺乏經濟能力，事實婚亦可適用年金、健保等社會保障制度，分手時也能獲得分產權或贍養費等權益。最大障礙應該是孩子的身分，即便父親辦了認領手續，在法律上，孩子等於是父親的非嫡子，這點於日後比較麻煩。事實婚和法律婚，到底哪個比較好，可能全看女方有無經濟能力。

有句德語格言：「婚姻，若非天堂，即是地獄」；此話雖然過激，卻也道出世上泰

半已婚者的真心。另有位婚姻生活維持了七十八年的美國婦人說：「在這個世上，即使是最幸福的婚姻，一生中也會有兩百次離婚的念頭和五十次掐死對方的想法。」這對夫妻年紀均上百，我覺得這句話比其他任何婚姻名言更中肯。已故作家三毛亦曾說：「有時婚姻也會使一個女性迷失自己——不然，世界上傑出的女性原應多得多。」此話說得也不無道理。

日本除了「事實婚」，另有「別居婚」（べっきょこん／bekkyokon）、「週末婚」（しゅうまつこん／syu-matsukon）、「試婚」（しこん／shikon）等，看來日本人已挑戰過所有能嘗試的婚姻型式，無奈至今仍在摸索完美的婚姻模式。

バツイチ batsuichi

離婚歷

「バツ」（batsu）是記號「×」的唸法，「イチ」（ichi）是「一」，用記號寫便是「×1」，通常指離婚歷一次的人，離婚兩次則為「×2」，以此類推。這是往昔的戶籍謄本用法，

戶籍謄本有配偶者欄，假若配偶過世或因離婚而除戶，戶籍謄本的配偶欄會被畫上一個大叉叉。

日本男女結婚時，一方須自原生家庭除戶再辦理入籍手續，這正是法律婚。雖然法律沒有規定非得女方改姓不可，但九成以上均是女方入男方戶籍，夫妻離婚時，女方也得自男方戶籍除戶，於是男方戶籍的配偶欄便會被打個大叉叉。這個詞在一九八〇年代便存在，一九九〇年代初普及世間，之後沿用至今。目前的戶籍已經改用電腦管理存檔，不會再出現大叉叉的記號，不過這個詞已在日語中扎根。

以過來人的立場看，我覺得這詞非常方便，一個詞便說明了當事人「只是碰巧結過一次婚又離過一次婚」的身分。由於這詞是當事人用來說明自己的身分，隱約包含「你要怎樣？」的意思，既沒有中文的「失婚」之失落感，也沒有「離婚女人」或「離婚男人」的侮蔑語感，反倒裹著一圈光環。既然丈夫外遇的第三者可以用「我只是湊巧愛上已婚男人而已」這句話為自己辯解，離婚女人當然也可以堂皇正大地說：「我只是碰巧結過一次婚又離過一次婚而已，你要怎樣？」

式場離婚

しきじょうりこん
shikizyo-rikon

形容已經訂好婚禮宴會式場，卻因新娘在當天翹場而取消婚禮的例子。確切說來不能用「離婚」來形容，應該是「式場失戀」，畢竟一般是舉行婚禮後再去辦理婚姻登記手續，但「式場離婚」的形容似乎較受歡迎。

某家年間包辦兩千多組婚宴的婚慶公司道，往昔是新人因病或發生事故而取消婚禮，現在很多例子都是因臨時解除婚約而取消婚禮，而且大半是女方於婚禮前突然爽約。由於這種例子占全體婚宴的一成，令婚慶公司損失很大，業界遂自一九九八年起制定本為婚慶合約禁忌之一的罰款條款，聲明婚禮前十日至前一天解約的話，罰款是預算的八成。

據調查，舉辦一場婚宴的費用大約是一百萬至三百萬日圓，半數以上都是新郎負擔。新娘若在婚禮當天翹場，那新郎可真是賠了夫人又折兵。

成田離婚

なりたりこん
naritarikon

指順利完成婚禮，在國外度過蜜月，回到成田機場後立即離婚的夫妻。這是一九九〇年代後半普及的詞，通常是女方提出離婚要求。大抵說來，婚前會結伴出遊的多是年輕女子，她們是海外旅遊資深者，即便不到海外，也有豐富的國內旅遊經驗。但日本男子於大學畢業後必須馬上進公司工作，否則很可能淪為「飛特族」或「尼特族」，因此他們在經濟、時間、精力上均缺乏餘裕旅遊，遑論到海外度假，蜜月往往是他們的第一次海外旅遊經驗。

這種男女在婚前通常毫無問題，可一旦出了國，毫無經驗的男子便會破綻百出，處處都要新娘打理照顧。女子看到自己的丈夫在國外竟然如此無能，會覺得將自己的終生交給此男子似乎不保險，於是抵達成田機場後即提出離婚要求。由這點也可以看出日本女子對婚姻的依賴心很強。

然而，「成田離婚」終究是泡沫經濟時代的副產物。日本國稅廳於二〇一九年九月發佈，日本的上班族女性約有兩千多萬人，其中，正職員工約一千多萬，非正職員工占四成

的八百多萬。二十代女性的平均年薪約二八八萬日圓，三十代女性的平均年薪約三一五萬日圓，扣掉各種稅款，實際所得應該更低，否則不會出現「嫌消費」現象。目前取代「成田離婚」的詞是「スピード離婚」（speed rikon，閃電離婚）。

1980 昭和五十五年

1989 昭和六十四年／平成元年

以下標籤主要針對生於一九六〇年至一九六九年的日本人，
占二〇一九年十月日本總人口（不包括任何外籍人士）百分之十二·九

大事年表

1980

3月 日本首次舉行全國性規模的白色情人節普及活動。

5月 黑澤明導演的《影武者》獲得康城影展金棕櫚獎，並提名奧斯卡最佳外語片獎。

6月 日本TOTO公司的第一代衛洗麗便器面世；

大平正芳首相驟逝。

7月 鈴木善幸內閣成立；

蘇聯莫斯科奧運，五十多個國家拒絕參與。

9月 兩伊戰爭爆發。

1981

7月 查爾斯王子和黛安娜王妃舉行世紀婚禮。

8月 IMB PC面世；

台灣遠東航空一〇三號班機空難，一一〇人遇難。

1982

2月 二月，日本航空三五〇號班機空難，二十四人遇難。

10月 十月，索尼公司的CD光碟在日本面世。

11月 十一月，第一次中曾根內閣成立。

12月 十二月，日本電信電話公社（NTT前身）推出公共電話卡。

1983

4月

NHK播出晨間劇《阿信》，首播期間的平均收視率是百分之五十二・六，是日本史上收視率最高的電視劇；

東京迪士尼樂園開園。

7月

任天堂的家用遊戲機紅白機面世。

9月

大韓航空〇〇七號班機遭蘇聯戰機擊落事件，二六九人死亡。

10月

日本第一位試管嬰兒誕生。

12月

第二次中曾根內閣成立。

1984

3月

三月，吉卜力工作室宮崎駿導演的動畫電影《風之谷》上映。

5月

五月，NHK首次開始開播衛星電視頻道。

7月

七月，美國洛杉磯奧運。

11月

十一月，日本新紙幣面世。

1985

5月 《男女雇用機會均等法》成立。

8月 日本航空一二三號班機空難，五二〇人遇難。

9月 墨西哥城大地震；

為解決美國貿易赤字，美、日、英、法、西德於紐約廣場飯店簽署《廣場協議》，導致日圓大幅升值，日本國內經濟蕭條，亦是日本泡沫經濟的契機；

日本第一代行動電話（大哥大）面世；

任天堂的《超級瑪利歐兄弟》面世，成為社會潮流現象。

1986

1月 美國挑戰者號太空梭於升空後七十三秒爆炸解體墜毀。

4月 車諾比核事故；

日本施行《男女雇用機會均等法》。

7月 富士即可拍相機面世；

第三次中曾根內閣成立。

10月 泰國國際航空六二〇號班機爆炸事件。

1987

1月 日本出現第一號愛滋病患者，確診後三天過世。

4月 日本國有鐵道結束其一一五年的歷史，分割為七家ＪＲ民營鐵路公司。

7月 中華民國總統蔣經國正式宣布解除長達三十八年的台灣省戒嚴令；

東京都地價於一年間漲價了百分之八十五・七，銀座地價一坪高達一億日圓以上。

11月 大韓航空八五八號班機空難（恐怖襲擊），一一五人遇難；

竹下登內閣成立。

12月 大韓民國首次舉行公開的總統選舉。

1988

1月 蔣經國去逝，李登輝繼任中華民國總統。

3月 東京巨蛋竣工。

6月 女性時尚雜誌《Hanako》創刊。

9月 韓國漢城奧運。

12月 亞美尼亞大地震；

泛美航空一〇三號班機空難（恐怖襲擊），二七〇人遇難。

1989

1月
昭和天皇病歿，皇太子明仁即位，改元平成。

4月
日本施行百分之三的消費稅法；
任天堂 Game Boy 面世。

6月
宇野宗佑內閣成立；
六四天安門事件。

7月
吉卜力工作室宮崎駿導演的動畫電影《魔女宅急便》上映。

8月
海部俊樹內閣成立。

9月
日本索尼公司收購美國哥倫比亞廣播公司的電影、音樂部門；
橫濱海灣大橋開通。

11月
柏林圍牆倒塌，冷戰結束。

マスオさん

masuo-san

住在老婆娘家的女婿

形容婚後因故住在老婆娘家的丈夫。源起於獲得日本國民榮譽賞的女性專業漫畫家長谷川町子（はせがわ まちこ／Hasegawa Machiko，1920-1992）的代表作《サザエさん》（sazae-san，海螺小姐），漫畫中海螺小姐的丈夫正是「マスオさん」（鱒男）。不過海螺小姐的丈夫不是入贅女婿，他仍保有原生家庭的姓氏「海豚田」（fuguta），海螺小姐的姓氏也是「海豚田」。動畫則於每週日下午六點半至七點播出，一九六九年十月五日播出第一集，二〇一三年獲得「播放時間跨度最長的電視動畫片」金氏世界紀錄認證，二〇一九年迎來五十週年紀念。一九七九年九月十六日創下百分之三十九．四的最高收視率紀錄，直至二〇一二年依舊保持百分之二十的高收視率，是部長壽動畫。《海螺小姐》家是三代同堂的大家族，不但和父母、弟妹住在一起，其他另有許多親戚。

一般說來，媳婦嫁進三代同堂的大家族時，免不了會發生婆媳糾紛或妯娌問題，但女婿住進老婆娘家的話，由於翁婿兩人白天都在上班，比較不會起摩擦。即便岳丈已退休，翁婿反目的例子也比婆媳糾紛少。再者，丈夫不是入贅身分，妻子和孩子都冠夫姓，這對丈夫的原生家庭來說也不會失去體面。倘若妻子婚後仍想繼續工作，或都市女子與地方城市男子結婚，選擇這種家族形態倒也不錯。

一九八〇年代起，日本很流行二世代住宅，即表面看去似乎是一棟獨門獨院的房子，但內部可以讓兩戶人家擁有各自的獨立空間。最常見的是二樓讓父母居住，一樓讓年輕夫妻居住，各自有專用廚房及浴室、廁所等；也有客廳、廚房、浴室共用的例子；有些甚至連玄關都分開，進進出出均不用打招呼。如此，兩代之間既可保持距離，當子女的亦不用擔心父母生病時沒人照料，祖父母更可隨時與孫子輩保持聯繫。

據我朋友的經驗，兩代人同居時，客廳可以共用，但廚房和浴室最好分開，因為老一輩人的生活節奏跟年輕夫婦、小孩不同。老人早睡早起，而且上床後若被吵醒便很難再度入睡，年輕夫婦和孩子則晚睡，無論入浴或用餐時間都比老人晚，所以廚房、浴室各自獨立比較不會發生摩擦。

ホタル族 hotaruzoku 螢火蟲族

狹義指在公寓陽台抽菸的爸爸，從遠處看去，很像螢火蟲；廣義則包括在抽油煙機底下、院子、玄關外抽菸的爸爸。日本是一九七八年興起反菸運動，但此觀念直至一九八〇年代才普及世間，一些抽菸爸爸為了配合時代潮流，只得從客廳躲至陽台當「螢火蟲族」。

カエルコール kaeruko-ru 通知回家的電話

這是ＮＴＴ於一九八五年播出的廣告文案，呼籲每個爸爸於下班後，最好打電話告知家人自己即將回家，以免家人擔憂；之後又演變為在異鄉工作的人於車站打電話通知家人自己即將歸鄉的消息。

「カエル」的漢字是「帰る」（kaeru），由於發音與「蛙」相同，廣告中出現一隻大

青蛙，備受歡迎而風行一時；「コール」則為英文的「call」。當時沒有手機也沒有電腦，爸爸只能在下班途中進公用電話亭打電話，內容只有一句：「我現在要回家」。雖然只有一句，卻道出所有在家等候爸爸回來的人的心情。

如今手機已成日常工具之一，打電話或發短訊均很方便，不必特地尋找公用電話亭。日本某ＩＴ雜誌曾做過調查，統計現代人到底用電話或發短訊告知歸家時間，結果電話與短訊各占一半。若按性別區分，打電話的人以男性居多，女性通常只發短訊；若以世代區分，打電話的是二十代的年輕人居多，其次是三十代，四十代人最懶，只用大拇指按幾個字母發短訊了事。

會向家人通知歸家時間的人，已婚者占六成，未婚者占四成；而已婚者中，二十代與四十代各占半數，三十代高達七成。看來三十代人最勤快，也最重視家人。據我的經驗，最需要「青蛙叫聲」的應該是家裡負責掌廚的人。

燃え尽き症候群
もえつきしょうこうぐん
moetsuki syo-ko-gun
身心俱疲症候群、燃盡綜合症
Burnout Syndrome

形容長期飽受精神與肉體兩方面的壓力，耗竭身心精力，感情變得麻木，對人生失去興趣，凡事提不起勁，常陷於挫折感或低成就感等悲觀情懷的症狀。

日本年均自殺者約三萬人（一九九八～二〇一二），向來以五十代男子居多，但最近四十代男子的自殺率大增。對男人來說，四十代應該是最上膘的年代，年富力強，工作能力圓熟，一帆風順的人通常在職場或社會均具有與年齡相稱的地位。這在二十代女子眼裡看來，四十代男子既成熟又有錢，既寬容又會玩，很容易讓她們產生相見恨晚的錯覺，掉進「我只是湊巧愛上一個已婚男子而已」的陷阱，主動成為第三者。其實不僅二十代女子如此，除了未成年例外，大概有九成左右的女性均認為四十代男子最富魅力。

但四十代男子並非真如他們戴上的面具那般活得從容不迫。若人生可以活八十年，他們剛好處於中間位置。在家裡的立場也居中，上有逐漸老去或痼疾纏身的父母，下有正值青春期的孩子，身邊是早已陷入倦怠期的黃臉婆，肩上扛著泡沫經濟時期買下的天

價房貸。職場亦然，上有只會傳令的老總，下有等待指示的後輩，同儕個個都是競爭對手。

假如他們在外面真有個二奶可以抒解壓力，或者工作順利，在職場受人崇敬，他們應該能順利度過這難堪的男性更年期。無奈現實生活中，連登雲路、外包二奶、老婆賢慧、父母健在、孩子聽話、金縷玉衣的男人少之又少，九成以上都是活得很辛苦的凡夫俗子。能夠當「マスオさん」、「螢火蟲族」、「青蛙叫聲」的男人實為幸運的一群。

オバタリアン

obatarian

歐巴桑軍團

形容厚臉皮的中年女性。「オバ」（oba）出自中年女性的「obasan」（歐巴桑），後面套上英語的「Battalion」，即形成一大群行動傍若無人、不顧世人感受的市井歐巴桑軍團。不過，並非每個四十歲以上的歐巴桑都具有「歐巴桑軍團」氣質，此外，我覺得日本的「歐巴桑軍團」那種盛氣凌人的態度，只在她們認為是安全地帶的狹窄圈子內才有效。簡單說來，她們只敢在自己熟悉的地盤內發飆。

這個詞本來已近乎死語，卻因韓國演員裴勇俊在日本大紅，他的粉絲團又以歐巴桑為主，於是久違多年再度復活。確切說來，裴勇俊的粉絲團並非「歐巴桑軍團」，而是會令人聯想到「歐巴桑軍團」氣質。

何謂「歐巴桑軍團」氣質？例如在電車內大聲講話、搶座位，一窩蜂擠在清倉大拍賣商場你推我擠，幾個人在露天咖啡座吺吺不休，喜歡收集免費試用品，呼朋引伴濃豔抹到高級飯店排「吃到飽下午茶」的長龍，等等。我想，全球各地應該都有這類「歐巴桑軍團」。

但日本的「歐巴桑軍團」有個共通點，她們都是媽媽族，而且幾乎全是資深專業主婦。可能是往昔的日本女子只能藉由結婚獲得安全的窩，並藉由生產育兒爬上高人一等的人母地位，卻因長年的專業主婦生活令她們與社會脫節，把社會當家裡的客廳或自家巷道，才會在不自覺中做出許多不合社會常識的行為，引發眾人的唾棄及鄙視。

這跟日本社會的發展有關，一九四〇年代的日本媽媽大多生四、五個孩子，當時沒有家電也沒有女權運動，父系制度將她們牢牢綁在家中，所以這世代的阿嬤應該忙得沒時間形成「歐巴桑軍團」氣質。但一九六〇年代以後的媽媽族，不但脫離父系制度獲得自由，社會也轉型為小家庭制，婚後通常只生兩個孩子，各式各樣的家電和速食商品接二連三上市，社會和個人的經濟狀況好轉。而且由於丈夫通常是企業戰士，她們在家裡的地位非常大，不但掌管經濟也掌管家中大小事。待孩子成人後，這群有錢亦有閒的媽媽族，逐漸走出家庭往外尋樂，於是形成「歐巴桑軍團」現象。

我總覺得「歐巴桑軍團」表面看似屬於「勝犬」，但「勝犬」應該不會大嚷大叫，或許她們的精神世界比自己的「敗犬」、「婚活」女兒更貧乏，才會在外面揮霍充沛得無處可洩的精力。然而，「歐巴桑軍團」可能也會被時代潮流淹沒，千禧年以後的媽媽族大概不會步她們的後塵。

Hanako 族 Hanako zoku

Hanako 族

《Hanako》是一九八八年六月創刊的女性週刊雜誌，二〇〇六年一月起改為兩星期刊行一次，二〇一八年九月起又改為每月刊行一次的月刊。當時的主要讀者是住在首都圈的二十代女子，她們的平均婚齡為二十七歲，畢業於東京近郊的大學，在一流企業上班，每年到國外旅遊兩次，具有購買名牌奢侈品的經濟能力，卻又對儲蓄、投資很敏感。這群女性讀者在一九八〇年代泡沫經濟期間，始終被視為走在時代先端的新潮女性，「Hanako 族」一詞甚至獲得流行語大賞。但泡沫經濟崩潰後，「Hanako 族」也隨之消失，變成在八〇、九〇年代歌頌過人生的女子的黃金時代懷舊名詞。

オヤジギャル

oyaji gyaru

老爸辣妹

「オヤジ」的漢字是「親父」（oyaji），意指老爸、老頭、老闆等那些中年男人，「ギャル」是辣妹，這兩個詞合起來便形成舉止行為跟老爸那一代男人大同小異的年輕上班族女子。此詞於一九九〇年獲得流行語新語部門銅賞，目前已成為死語，但「老爸辣妹」是日本女子在社會與男人並肩競爭的第一代，是一九八六年「男女雇用機會均等法」施行後的第一線女戰士。

當時，上班族女子若想和男人平起平坐爭名奪利，只能放棄結婚、生子等女子認為是最終幸福的選擇。於是，她們跟當時的上班族大男人一樣，在車站月台練習高爾夫擊球動作，在路邊攤小酒店喝酒，在車站內的快餐廳站著吃麵條，在電車內閱讀體育報紙，疲憊時喝一瓶可以消除疲勞的勇健爾皇帝液。如今，這些「老爸辣妹」的下落呢？或許已結婚生子成為「歐巴桑軍團」，也或許在職場已爬到幹部地位，卻被冠上「敗犬」頭銜。

現今的二十代、三十代上班族女子不用逞強也能升級，更可以結婚並請產假，只是，

她們身兼工作、家事、育兒等重責，恐怕比當年的「老爸辣妹」更累，像根兩頭燒的蠟燭。到底孰幸孰不幸？大概只有當事人肚裡明白。

クリスマスケーキ Christmas cake 聖誕蛋糕

這詞雖然已經成為死語，卻可以說明一九八〇年代的日本女子對婚齡的看法。一般說來，聖誕蛋糕在十二月二十四日最搶手也最昂貴，但過了聖誕夜的二十五日，商家便會降價推銷存貨；一九八〇年代的日本女子的理想婚齡界線正是二十四歲，過了二十五歲生日仍未婚的女子往往被嘲笑為「聖誕蛋糕」，亦即存貨，必須降低擇偶條件。

二〇〇九年時，日本女子的平均婚齡提高至二十八．六歲，到了二〇一八年，再度提高至二十九．四歲；東京女子的平均婚齡更晚，在二〇〇九年時是二十九．七歲，二〇一八年時終於突破三十歲大關，升至三十．五歲。如此一來，「聖誕蛋糕」這詞便不通用，只得往後移，變成十二月三十一日的「除夕」。大部分女子都想在「除夕」的三十一歲之前找到理想結婚對象，一起迎接兩個人過日子的「新年」（新人生）。

バブル世代

baburu sedai

泡沫世代

日本的泡沫經濟時期大約是一九八六年至一九九二年，在這時期就業的人稱為「泡沫世代」，即生於一九六〇年代後半的人，更是「男女雇用機會均等法」施行對象的第一代，亦是日本企業實施終身雇用制度的最後一代。

這些人在當時是企業的搶手貨，供不應求，所有進行就職活動的大三生都能對企業挑三揀四，有些企業甚至提供學費和工資給欲就讀研究所的學生，為的只是確保員工數。更有些企業提供二五〇萬至三〇〇萬日圓的新車給已內定錄用的學生，或租借豪華巴士讓內定錄用學生環遊九州十天。

當時的首都圈企業為了招募翌年的畢業生，不惜濫用經費，對來自外地的學生，除了款待他們吃喝玩樂並付交通費、住宿費外，還租借直升機讓外地學生觀覽東京夜景。

許多地方城市的學生上京進行就職活動時，故意走訪多家企業，光是交通費和旅費便能賺上數十萬日圓。這種就業環境與之後在就職冰河期跨入社會的人完全兩樣，也就造成以一九七〇年為分界，日本男女的人生觀及消費觀、戀愛觀迥然不同的現況。七〇後的男子大部分為草食男，七〇前的男子大部分為肉食男之說，均基於上述社會環境的激變。

泡沫世代女子擇偶條件是三高，當時的日本年輕男子為了追求女子，在聖誕夜必須具備五種神器：車、鮮花、珠寶、高級餐廳、五星級酒店。光看這五種神器，似乎跟目前流行的韓國戀愛電視劇求婚橋段大同小異，但當時的日本年輕男子必備的五種神器，目的並非求婚，僅是求愛工具而已。

求愛順序是，男子在聖誕夜當天須著正裝，租借ＢＭＷ或賓士車去接女子，再送一大束鮮花，之後前往兩三個月前便預約好的高級法式餐廳，就座後送上珠寶，享受晚餐。晚餐後，前往葛西臨海公園觀看夜景，最後住宿東京迪斯尼度假區附近的大飯店。

至今我仍記得當時所有日本時尚雜誌或週刊雜誌甚至電視娛樂節目，為了聖誕節的男女約會，每年都瘋狂地編排專輯文章或製作專題報導，仿佛非得讓所有日本男子均如法炮製不可。目睹並經歷過日本泡沫經濟時期狂態的人，應該都能理解為何現代日本年輕男子會走向「嫌消費」、「草食男子」、「便當男子」、「巢籠男子」等極端方向的理由，

因為甜頭都被人吃光了，他們是在為上一代人擦屁股，不勒緊荷包怎麼行。

然而，這群「泡沫世代」就業寵兒於一九九七年亞洲金融風暴時也被捲入旋風。有能力留在職場的人成為「勝犬」，大半均奉命調往其他關係企業，只有少數人淪為流落街頭的「敗犬」。不過，「勝犬」也因職場競爭對手太多，壓力大，有半數人患上不為人知的心病；調往其他關係企業的人也通常因實力不足才會遭調職，這些人很可能終生都是小職員，沒法升級，有些人的工作能力甚至比經過嚴厲篩選的新進後輩員工差許多，成為社會包袱。至於「泡沫世代」的全職職業婦女勝犬，在婚姻問題幾乎都是敗犬。這些婚姻敗犬女子的工作能力非常強，是真正的「老爸辣妹」，否則也無法留在職場爬到幹部地位。

新人類 しんじんるい shinjinrui

新人類

泛指生於一九六一至一九七〇年的世代，用大陸說法來分類，即六〇後，約有一千六百萬人。這詞是《朝日journal》週刊雜誌於一九八五年創出，之後經電視節目廣

傳世間，一九八六年獲得流行語大賞。

這世代是出生後或小學時家中即有彩電、電冰箱的第一代，將近半數成長於大都市，從小便接觸動漫、搖滾樂、電子音樂、重金屬音樂（Heavy Metal）等次文化。大部分都是高學歷，學生時代處於激烈的競爭環境，出社會後又逢政府施行「男女雇用機會均等法」，女性不再是辦公室的花瓶，而是男性的角逐對手。

他們的共同記憶是升學競爭，放學後得再上各種補習班，致使他們養成凡事沒有指導手冊便無法下手的習慣。這世代的人大多數在小家庭中成長，缺乏與年長者的交往經驗，所以極為重視個人生活。他們只熱衷自己感興趣的物事，對不感興趣的物事則視而不見。特徵是獨斷專行，無動於衷，生性開朗樂觀，凡事不膽怯也放得開，好奇心重，不排外，很容易接受異文化及不同的價值觀。

八〇年代正是日本泡沫經濟時期，也是消費文化最旺盛的時代。新人類在商品紛雜、五光十色的環境中，只能拚命參照各種指南書，慎重研討商品本身的價值，於是無形中便培養出鑑賞商品的能力，並出現一批初期「御宅族」。日本大約自這世代起，親子關係逐漸演變為「朋友親子」型，父子或母子間猶如橫排的朋友關係，而非直排的上下關係。

3D族 sande-zoku

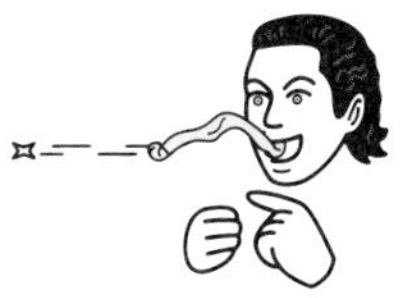

這是八〇年代出現的嘲諷詞，嘲諷對象是當時剛出現的新人類。新人類的口頭禪是「だって」（datte）、「でも」（demo）、「どうせ」（douse），翻成中文便是「因為」、「但是」、「反正」，這三個詞通常與否定、辯解連在一起。例如，A向B說：「C看起來總是精神飽滿，跟他在一起會受感染，連我都覺得人生挺不錯的。」B答：「那當然啦，因為他老爸有錢，有錢當然就會精神飽滿，覺得人生很不錯。」A聽到這種回答，是不是會啞口無言而接不下話呢？甚至會懷疑B和C之間有什麼糾葛。

或者，A、B、C三人聚在一起喝酒，三人聊到一個共通話題時，恰好A對此話題了解較深，情不自禁滔滔說起他所理解的相關知識。B覺得不高興，故意潑冷水：「反正你平常愛看書，又在揹書袋了。」這句話明顯在否定對方的主張，造成本應聊得很愉快的酒宴流於不歡而散的結果。

我想，不僅新人類說話時慣用否定詞，任何世代都有這種人。這類否定詞雖非攻擊詞，卻會令對方感覺眼前彷彿響起刺耳的砰一聲，門被關了，自己一個人留在門外。

據我的觀察，慣用否定詞的人似乎不擅於聽別人講話，通常對方話還沒說完，他們便急著插嘴放冷炮，惹得在座人相當感冒。

日本人向來信仰「言靈」（kotodama），認為語言具有靈力，當你口中發出否定或具有負面性的話語時，「言靈」會產生飛旋鏢效果，轉回到發話人身上。總之，不管語言是否真具有靈力，我們還是少出惡言較好，常發惡言惡語會令自己的面貌逐漸變得猙獰。

3K sankei ３Ｋ

３Ｋ取自「危険」（きけん／Kiken）、「汚い」（きたない／Kitanai／骯髒）、「きつい」（Kitsui／辛苦）三個詞的第一個字母，在八〇年代後半期多指土木建築業、垃圾清潔隊、警察、護士、護理員、工廠員工等體力勞動工作，是年輕人最忌避的職場。最近卻演變為ＩＴ產業系統工程師的職場代名詞，表示他們的工作內容不但「きつい」（Kitsui／辛苦）、「キビシイ」（kibishii／嚴酷），而且「帰れない」（kaerenai／不能回家），名為「新３Ｋ」。

另一個詞很有趣，是「３ＫＯＬ」。這是三十歲過後的單身女子的自嘲詞，表示「給

料」（きゅうりょう／kyu-ryo-／薪資）少，「結婚」（けっこん／kekkon）機率少，「化粧」（けしょう／kesyou）後臉會花。其實三十代女子的薪資不錯，只是除非能力過人，否則很難升級加薪，可她們又提不起勇氣跳槽，只能抱怨薪資太少。而且過了三十歲，職場的同齡同事驟減，身邊都是新來的年輕ＯＬ，連上司也不再提相親的事。最後一項是化妝，年輕時即便熬夜也不會影響膚質，但女子過了三十歲，倘若睡眠不足，任何粉底都無法遮蓋瑕疵，很容易脫妝，變成大花臉。

而比３Ｋ更慘的是６Ｋ，除了危險、骯髒、辛苦，外加薪資少、不能回家、嚴酷。「護士版６Ｋ」則為薪資少、休假少、規則多、錯過適婚期、不上妝、習慣吃藥。

花金 はなきん hanakin

花金

日語的一星期名稱各為：

日曜日：にちようび／nichiyoubi／星期天。
月曜日：げつようび／getsuyoubi／星期一。
火曜日：かようび／kayoubi／星期二。
水曜日：すいようび／suiyoubi／星期三。
木曜日：もくようび／mokuyoubi／星期四。
金曜日：きんようび／kinyoubi／星期五。
土曜日：どようび／doyoubi／星期六。

自從日本企業實施週休二日制後，星期五的「金曜日」遂變成「花の金曜日」（hana no kinyoubi），簡稱「花金」，表示玩個通宵也不用擔心隔天必須上班。不過，八〇後世代很可能聽不懂這個詞的意思，畢竟能在週五玩通宵的時代已經閉幕，現代人在週五夜晚通常窩在家裡上網或看電視，不然便是在職場加班或打工賺錢。

アリギリス

arigirisu

螞蟻螽斯

這是取自伊索寓言〈螞蟻和螽斯〉故事的合成詞，螞蟻是「アリ」（ari），螽斯是「キリギリス」（kirigirisu），兩者合起來表示既支持螞蟻的勤勞生活樣式，也支持螽斯的今朝有酒今朝醉的生活樣式。亦即工作時努力工作，玩樂時盡情玩樂，是新人類世代以後才出現的人生觀，而且此觀念延續至今。

大抵說來，一九三〇年代出生的日本人，大部分是螞蟻型，他們拚命工作積存財產留給子孫，但晚年也想仰賴子孫過活；十九四〇年代出生的人也是螞蟻型，卻因日本政府於一九五九年施行國民年金法，這代人便逐漸失去養兒防老的觀念，反正晚年有年金保障。一九五〇年代出生的人則處於新人類世代和上一代學生運動潮流世代的縫隙，而且是女權運動第一代，所以大部分人是螞蟻螽斯型，不但沒有養兒防老的觀念，甚至不想留財產給後代，大部分人認為父母賺的錢最好在父母這一代全花光，兒孫自有兒孫福，晚年也不想跟兒孫一起住，有不少人於生前便安排好自己的葬禮方式。

至於八〇後的人，均懷有政府的國民年金制度可能會破產的危機感，加上不婚潮流、

少子化現象，逐漸又回到螞蟻型的工作態度，拚命存錢以迎接「無緣社會」以及一個人過活的老後生活資金。

DINKS ディンクス

頂客族

Double Income No Kids

意思是夫妻均為上班族，有兩份收入，膝下無子女的婚姻生活形態。此觀念起源於歐美，一九八〇年代傳入亞洲某些發達國家或地區。堅持這類婚姻生活形態的夫妻，通常雙方的文化程度較高，居住在大都市圈，而且結婚時便已說好終身不生孩子的約定。

任何婚姻形態均各有利弊，選擇終身無子女的夫妻亦然，沒人有資格批評他們的選擇。但是，這類夫妻的最大危機是妻子三十五歲左右時，可能會反悔當初的決定。畢竟女人的生育期間有限，過了三十五歲便須承擔高齡產婦的風險，而妊娠又是女人獨有的特權，她們很可能基於種族繁殖本能，突然改變初衷，想生個孩子體會為人母的箇中滋味。若果丈夫也同意，那倒不成問題，最麻煩的是妻子愛上第三者，不想生丈夫的孩子，卻

想要一個第三者的孩子，於是與元配丈夫離婚，再同第三者結婚，婚後馬上辭職生孩子，化身為專業主婦。這種例子可能會令元配丈夫哭笑不得，而且由於兩人之間沒有孩子，妻子又因長年工作而有大筆積蓄，離婚時比一般有孩子的夫妻更容易一刀兩斷，不會拖泥帶水。

有時我會想，無性夫妻和頂客族夫妻均沒有孩子，到底哪種婚姻形態比較幸福呢？前者於婚前便決定夫妻倆不上床做愛，當然不可能懷孕；後者則為雙方的理性選擇，但婚姻生活過程中隨時會出現各種變數……想來想去，至今我仍尋不出答案。

大人家族
おとなかぞく
otona kazoku

大人家族

意指壯年、中年未婚子女與高齡父母構成的家庭。這類家庭的父母均已退休，可定期領取年金，但子女通常是非正規雇員，收入不穩定。子女在年輕時因與父母同居，不需花住居費與伙食費，也就不急著找正規雇員的工作，過一天算一天，於是在不知不覺

中錯過婚期；之後，又在不知不覺中發現雙親已步入老年期，他們必須肩負各種即將面臨的老人看護問題。

這是日本最近才出現的社會問題，也就是過去是悠閒的「寄生單身族」的人，於十年、二十年後演變為今日的「大人家族」，立場變成必須照顧雙親的孝子孝女。只是這些孝子孝女均未婚，恐怕都得提早準備一個人的老後生活設計。

據日本總務省統計，二〇〇八年時，二十至三十四歲的日本單身子女與父母同居的比率是四成六，約一千一百萬人；三十五至四十四歲的壯年單身子女則有一成五與父母同居，約二百七十萬人，這一成五的比率正是「大人家族」。前者的比率逐年減少，後者的比率卻在逐年增加。例如一九八〇年僅有百分之二的壯年子女仍與父母住在一起，意味大部分的壯年子女均已結婚另立門戶，但到了千禧年，比率增至百分之十，二〇〇八年又增至百分之十五，二〇一五年更增至百分之十七，

數字明顯在增加。

在我居住的社區內，光是我認識的鄰居中就有三家是「大人家族」，而且此問題將隨著不婚潮流、少子化、國民高齡化而漸趨明顯。首先著眼此問題的是建築家及房地產業，市面已出現專為「大人家族」設計的住居。奇怪的是，明明已形成社會問題，竟然沒有劇本家或電視台專為此問題寫一本或拍一齣電視劇。就我個人看來，這問題應該會日漸嚴重，甚至可能推翻至今為止的小家庭成員構成，重組全新的另類家庭。

日本於戰前的家庭構成是祖孫三代的大家庭，就種種因素來說，大家庭最合理，不但省錢，還能解決育兒、夫妻雙職、看護老人等問題；戰後的日本家庭是夫妻與子女構成的小家庭，比起大家庭，小家庭的成本最高，效率最低；二十一世紀的日本家庭構成逐漸演變為壯年單身子女與年邁父母的「大人家族」，往後到底會形成怎麼樣的一個社會，目前仍是個未知數。

1970 昭和四十五年

1979 昭和五十四年

以下標籤主要針對生於一九五〇年至一九五九年的日本人，
占二〇一九年十月日本總人口（不包括任何外籍人士）百分之十二·九

1970

1月 第三次佐藤榮作內閣成立。

3月 日本赤軍策劃「淀號（よど号）劫機事件」。

3月—9月 日本萬國博覽會（大阪萬博）。

4月 披頭四樂團（The Beatles）解散。

11月 三島由紀夫剖腹自殺事件。

1971

2月 阿波羅十四號載人成功登月。

7月 日本東亞國內航空六十三號班機空難，機上六十八名全部罹難；全日空五十八號班機與航空自衛隊戰機相撞，五十八號班機上一六二人全部罹難；日本麥當勞第一號銀座店開業。

9月 林彪事件。

10月 聯合國大會第二七五八號決議通過，中華民國退出聯合國。

12月 中東國家阿拉伯聯合大公國成立。

1972

1月 日本陸軍軍曹橫井莊一在美國屬地關島被發現。

2月 美國總統尼克森訪問中國；

日本長野縣輕井澤發生赤軍劫持人質的「淺間山莊事件」。

4月 川端康成自殺。

5月 沖繩返還，沖繩縣成立。

6月 美國政治醜聞「水門案」曝光。

7月 第一次田中角榮內閣成立。

8月 德國慕尼黑奧運。

9月 田中角榮訪問中國，簽署中日建交的《中日聯合聲明》。

10月 安地斯空難，意外發生第七十二天後獲救，四十五名乘客與機組人員中，生還者僅十六名。

1973

4月 奧賽羅棋（Othello）在日本面世，成為熱門商品。

7月 香港功夫片開創者李小龍過世。

8月 東京發生「金大中綁架事件」。

10月 第四次中東戰爭爆發，引發第一次石油危機；

泰國發生學運事件，導致反共的軍事獨裁者總理倒台。

1974

3月 土耳其航空九八一號班機空難，機上三四六名所有人員罹難；日本陸軍少尉小野田寬郎在菲律賓盧邦島被發現。

4月 葡萄牙首都里斯本發生「康乃馨革命」政變，推翻了為期四十二年的獨裁政權。

5月 第一家日本 7-Eleven 在東京江東區豐洲開業。

8月 美國尼克森總統因水門事件下台。

12月 三木武夫內閣成立。

1975

4月 蔣介石逝世；西貢陷落，越南戰爭結束。

7月 沖繩國際海洋博覽會揭幕。

8月 孟加拉發生首任總統遇刺身亡事件。

11月 日本的主題樂園先鋒「東映太秦映畫村」於京都市右京區開業。

1976

1月
周恩來病逝；
沖繩國際海洋博覽會閉幕；
大和運輸開始出售「黑貓宅急便」宅配服務，第一天只收到兩件包裹。

2月
日本國家政要貪污醜聞「洛克希德事件」在美國曝光。

4月
蘋果電腦公司成立；
北京四五天安門事件。

7月
加拿大蒙特婁奧運；
北越、南越統一，越南社會主義共和國成立；
中國河北省唐山大地震。

9月
毛澤東病逝，四人幫垮台；
三木改造內閣成立。

12月
福田赳夫內閣成立。

1977

2月　西班牙與蘇聯恢復邦交。

9月　日本政府設置國民榮譽獎，第一屆獲獎者是職棒選手王貞治，亦是唯一非日本國民獲獎者；
日本航空七一五號班機在吉隆坡降落時墜毀，四十五名受傷，三十四名罹難；
日本赤軍在印度孟買劫持日本航空四七二號班機，飛往孟加拉國都達卡。

11月　福田赳夫改造內閣成立。

12月　英國戲劇演員兼導演卓別林去逝。

1978

4月　東京都豐島區東池袋的摩天大樓「太陽城六〇」開館；
大韓航空九〇二號班機在蘇聯境內的摩爾曼斯克附近，遭蘇聯國土防空戰機所射出的飛彈擊中，被迫降落。

5月　位於日本千葉縣成田市的成田國際機場啟用。

8月　中日兩國簽署《中日和平友好條約》。

10月　台灣第一條高速公路國道一號全線通車。

12月　第一次大平正芳內閣成立；
中國實施改革開放政策。

1979

1月　美國與台灣斷交，與中國建交。

2月　伊朗伊斯蘭革命爆發；

中越戰爭爆發。

3月　美國賓州三里島核泄露事故。

4月　伊朗帝國崩潰，伊斯蘭共和國成立。

5月　英國保守黨黨魁柴契爾夫人就任首相，是英國第一位女性首相，暱稱「鐵娘子」。

10月　韓國總統朴正熙被時任中情部長金載圭槍殺事件。

11月　第二次大平正芳內閣成立。

12月　蘇聯入侵阿富汗。

20世紀おじさん

にじゅっせいきおじさん
nizyuuseiki ojisan

二十世紀歐吉桑

這是過去二十代OL用來譏諷某些改不掉前世紀舊有職場習慣的五十代歐吉桑的標籤，即落伍過時的中年男人。前世紀舊有職場習慣大多指在「忘年会」（bounenkai／尾牙）或新年會的聚餐酒宴時，把年輕OL當成陪酒小姐，借酒壯膽趁亂偷摸人家屁股，進行無意識的性騷擾，或發酒瘋大聲高談闊論甚至找碴兒生事的老頭子。

「二十世紀歐吉桑」這詞總會令我聯想到《二十世紀少年》這部漫畫及電影，可惜現實生活中罕見類似唐沢寿明（Karasawa Toshiaki）或豊川悦司（Toyokawa Etsushi）那般瀟灑的歐吉桑。

性騷擾觀念是一九八〇年代中期傳入日本，在那之前便已是資深上班族的某些人，可能會改不掉上述惡習。不過，假若對方是動漫《犬夜叉》裡那個沒事老愛摸女子屁股

的弥勒法師，不知現代年輕ＯＬ會有啥感受？如果對方是跟我年齡相近的熟女群，碰到弥勒法師那般英俊又具有法力的男子，不要說摸屁股，即便為他生一百個孩子都願意，就怕生不出來而已，這大概正是女對男的「逆性騷擾」。

「性騷擾」這個詞其實很難下定義。例如有兩個男子，一是女方平日憧憬的職場偶像Ａ男，另一是平庸之輩Ｂ男，倘若讓Ａ男和Ｂ男同時對女方說出一句黃腔，結局肯定完全兩樣。Ａ男或許能得到女方一串銀鈴笑聲及連螞蟻都打不死的連環粉拳，但Ｂ男則會被扣上性騷擾罪名，跳到萊茵河也洗不清。

窓際族
まどぎわぞく
madogiwazoku

窗邊族

這是《北海道新聞》於一九七七年六月的專欄文章中，用了「窗邊歐吉桑」這個詞，意指在職場不受重用，被公司安排坐在窗邊角落位置的員工。後來在年輕ＯＬ的會話中經常出現，成為日常慣用詞。

以前的日本企業是終生雇用制，除非犯了不可原諒的重大錯誤，否則公司不能隨便開除員工，於是將一些對公司來說可有可無的員工，安排在窗邊或倉庫、地下室等偏僻處坐冷板凳，讓他們處理雜事。有些公司更狠，乾脆不讓他們做任何事，他們只能呆呆眺望窗外景色或反覆閱讀報紙雜誌，如坐針氈度過一天又一天。只是為了家庭重擔，他們無法辭職，對男人來說，這種待遇應該比地獄還痛苦。

終生雇用制瓦解後，窗邊族也隨之消失，現在已經沒有任何企業願意白養這些沒本事的員工了。於是這個詞便轉移至學校，專指那些在午餐時間或下課十分鐘，沒有玩伴也沒人搭話的學生。這類學生大概比上班族更痛苦，大抵會患上拒絕上學症，最後演變為「蟄居族」，不上學也不出門。

横出世 よこしゅっせ yokosyuuse

橫出世

日文的「出世」是「出人頭地」之意，通常用在職場，但職場是「縱出世」型態，類似爬階梯，有能力的人可以一階一階往上爬，最後坐到經理或董事位置。「橫出世」則

表示歷經泡沫經濟崩潰、金融風暴、企業裁員縮編後，在職場已失去出人頭地的機會，於是將剩餘精力轉移至與工作職場完全無關的社區活動、義工活動、業餘愛好團活動等，像大樹生根那般往橫伸展，結交彼此間毫無利害得失關係的朋友，充實自己的人生。

既然已無法在職場高人一等，退休年齡又逼近眼前，不如趁早調轉人生方向盤，先描繪退休後的第二人生藍圖，慢慢在住居社區打根基，以免退休後成為老婆皺眉子女不屑的家庭大件垃圾。況且最近流行慢活、樂活，許多中高齡男人已明白工作並非人生的一切，事業有成並非代表幸福的青鳥，青鳥其實就在自己身邊。

失楽園 しつらくえん shitsurakuen 失樂園

《失樂園》是日本作家渡辺淳一（Watanabe Junichi）於一九九七年上市的小說，上下兩冊合計銷售三百萬冊以上。小說中的男女主角陷入婚外戀漩渦，雙方又無法捨棄夫妻關係早已麻木的家庭，最後選擇殉情。小說改編為電影和電視劇上演之後，家喻戶曉，這

詞便成為中年男女婚外戀的代名詞。電影的主角分別是役所廣司（Yakusho Ko-ji）和黑木瞳（Kuroki Hitomi），俊男美女，可謂最佳拍檔，電影把劇情拍得極為淒美。

但現實生活中真有如此熾熱且執著的婚外戀嗎？據我實際接觸的例子，大多婚外戀的男女，最初確實會誤以為彼此離不開對方，「咱倆」的愛情比任何人的愛情都激情且絢爛。不過，那都是錯覺，日子一久，兩人依舊會陷入一般世間合法夫妻常見的倦怠期，之後演變為一方想分手，另一方不想分手的肥皂劇。

雖然有些女人一輩子甘願當男方的地下情人，男方的妻子也默認女方的存在，在旁人眼裡看來，三人似乎平安無事，男方家庭也風平浪靜。然而，倘若男方家庭有孩子，日後絕對會出問題。孩子並非不懂事，他們都看在眼裡，等孩子成人，當老爸的恐怕會失去比一時的激情更重要的親情。

據日本某家專門代人調查婚外戀的偵探社統計，二十代已婚者的婚外戀比率較少，畢竟現在是晚婚時代，鮮少有人會在新婚時期搞婚外戀；即便陷入婚外戀，也因夫妻間沒有孩子，通常能好離好散。三十代的婚外戀例子最多，這類夫妻大抵在二十代後半結婚，妻子因忙著照顧小孩，無暇關照丈夫，結果丈夫在三十五歲左右陷入婚外戀。這種例子也很容易一刀兩斷，畢竟妻子還年輕，可以帶孩子回娘家，重新開啟人生的另一扇門。

四十代人的婚外戀最難處理，他們的孩子通常已上初中或高中，除非萬不得已，男方不會輕易拋棄家庭。五十代人的婚外戀則以柏拉圖式的精神戀愛為主，例如愛好相同或價值觀近似，兩人熱衷在酒吧聊天或一起巡遊古蹟聖地。日本所有世代中，五十代人的熟年離婚飆升率最高，約二十年前的十五倍。

男人到了五十代，孩子已成人，有些人在五十五歲便退休，只要把退休金分一半給妻子，長年當慣黃臉婆的妻子通常會爽快甚至求之不得地答應離婚，重新設計擺脫老公的單身生活。六十代人的婚外戀最少，過了六十歲，許多生活習慣或價值觀都已定型，很難改變，在這個年齡還有精力玩婚外戀的人，縱使妻子願意默認，肯定也闖不過兒孫那一關。

自宅難民

じたくなんみん
jitaku nanmin

自宅難民

專指下班回家後，沒有容身之處的爸爸族。日本某網路調查公司於二〇一〇年父親節，以年薪三百萬

日圓以上，四、五十代首都圈爸爸族為對象進行一項調查統計，得出五成二的爸爸族認為自己在家中毫無容身之處。據說有六成的爸爸族沒有自己的房間或書房，導致他們在家中無法做自己喜歡的事，連電視節目的主導權也被妻子或孩子搶走，他們只能在家人就寢的夜晚十一點以後，一個人待在客廳觀看自己想看的節目。這些爸爸族在家中最渴望的竟然是「一個人的獨處時間」，而非與家人在一起。

可憐的爸爸族，每天辛辛苦苦上班賺錢養家，回首一看，才發現不知不覺中家裡竟然沒有自己的位置。孩子有孩子的房間，客廳與飯廳是妻子的地盤，倘若在夫妻寢室打開電腦上網，包準會遭老婆一頓牢騷。他們都在網路交流區互相討論，據我的觀察，這些爸爸族似乎都躲到住居附近的大眾餐廳看書或上網，並特地挑客人較少的清晨時區進行充電。有些人甚至因回家也沒事可做，乾脆主動留在公司加班。

擁有愛好的爸爸族，情況可能較好。他們可以上網徵求志同道合者，假日舉辦網聚出遊爬山、攝影、打球或做其他事；最慘的是沒有愛好的爸爸族，在家中處於孤立狀態，即便假日一整天待在家裡，似乎也沒事可做。

アラ還 あらかん arakan

六十歲前後的女子

「アラ還」是英語「Around」與「還曆」（かんれき／kanreki）合成的簡稱，表示六十歲前後的女子，延伸自三十代的「Around 30」與四十代的「Around 40」。發音聽起來正是「阿拉抗」。「阿拉」到底在「抗議」啥呢？原來是抗議原有的「シニア」（shinia／英文：senior）這個詞給人老態龍鍾的印象，而且「シニア」的發音聽起來像是「去死吧」，所以六十代女子似乎很歡迎「アラ還」這個新詞。

日本古來即有「二十歲」（hatachi）、「三十路」（misoji）、「四十路」（yosoji）、「五十路」（isoji）、「六十路」（musoji）等慣稱，但這些慣稱通常指正值二十歲、三十歲、四十歲、五十歲、六十歲當年，用法也通常是「過了三十路」或「邁進五十路」之類，意思比較明確，指剛過三十歲生日或五十歲生日。如今出現一個曖昧的「阿拉抗」，六十四、五歲

的人亦可自稱「阿拉抗」，彷彿不用去打肉毒桿菌便於一夕之間年輕了四五歲，何樂不用呢？況且這個詞也挺受男性的青睞。

此年齡層的兼職主婦相當多，她們比同世代的退休丈夫更容易找到工作，尤其是餐飲業。因為她們有長年的掌家與育兒經驗，服務態度比年輕人更細密周到，何況過了六十歲的女人已不在乎異性的眼光，包容度大，耐性強，求知欲仍未減弱，正適合餐飲業。

日本某人壽保險公司於二〇二〇年九月，針對兩千名迎接六十大壽的「新阿拉抗」男女，實施了一項價值觀調查，內容相當有趣。調查結果顯示，有七成半的人「毫無迎接還曆的真實感」，全體的平均精神年齡停在四十八歲左右。六十歲過後仍想繼續工作的人占九成，大部分人希望在六十九歲才退休。不看電視的人比二〇一九年的調查結果上升了一成，占全體的四成八，新聞或事件報導來源均取自手機。最想玩的平均年齡是二十六歲（男性二十八歲，女性二十四歲），對工作最上勁的平均年齡則為三十四歲（男性三十六歲，女性三十一歲）。

讓日本網民情不自禁紛紛跳出來七嘴八舌的調查項目，是「新人時代時的職場與現代職場的不同之處」。二〇二〇年的新還曆人的職場菜鳥時代，大約是四十年前左右，當時的職場與現代職場的差異榜首是「男性職員在辦公桌抽菸」，其次是「辦公桌上沒有

電腦」，第三是「女性職員負責沏茶兼送茶點」。之後依次為「星期六上午要工作」、「企劃書是手寫」、「幾乎所有人都認為工作比家庭重要」、「加班時間沒有上限」、「薪水是現金，而且直接以手遞方式領取」、「熬夜加班的例子很常見」、「雙職家庭非常少」。

讓日本網民紛紛點讚的調查項目，則為「改變新還曆人的人生的一句話」。居首位的竟然是一九九一年七月至九月播出的電視劇《一〇一次求婚》中，武田鐵矢所飾演的男主角，對淺野溫子所飾演的女主角，嘶聲大喊的那句「我不會死！」

新還曆人在電視劇《一〇一次求婚》播出時，正值三十歲前後。六十年的人生中若遇上這樣的一個男子，確實可以改變當事人的人生觀，即便在現實生活中沒有遇上，但只要擁有這段集體回憶，應該算是幸運世代。畢竟，千禧年以後的世代，娛樂方式極度繁多，很難再擁有集體回憶了。

ウーマンリブ u-man ribu 女權運動 Women's Liberation

出生於一九五〇年代的日本女子，是日本女權運動的第一代。就廣義的婦女解放運

動或女性主義來說，日本在大正、明治時代即非常興盛，可惜卻虎頭蛇尾，持續十年便不了了之。一九六〇年代後半，全球各地興起女權運動，一九七〇年八月，美國紐約進行婦女爭取平等罷工遊行，日本媒體稱之為「ウーマンリブ」，自此以後，這個詞就在日本扎根。倘若回溯歷史，女性解放運動或女性主義的過程非常複雜，流派很多，在此不多說明，只簡單描述現代日本女權運動的過程。

日本女子是一九四五年才獲得與男子同等的參政權，台灣是一九四七年，中國則為一九四九年。紐約婦女罷工遊行之後，日本某些先進女性也在同年十月於東京京橋水谷橋公園舉行「禁止男性入場」的集會，據說這是第一次日本女權運動集會，十一月再度於東京　谷舉辦女權運動大會。

一九七〇年那時，我仍是小學生，當然不懂何謂女權運動，但我記得七〇年代後半至八〇年代，所有日本媒體或女性雜誌幾乎全在鼓吹女權運動，把女性捧上天。當時具有經濟能力，不仰賴父母或男性，無視社會性別常識並追求自由的女子全被讚頌為「翔んでる女」（tonderu onna／飛翔女人），亦即「新女性」之意；長期擁有固定專業工作的職業婦女則被冠上「キャリアウーマン」（Career Woman）一詞，整個社會風氣變成「女性戰爭」。換句話說，「飛翔女」與「Career Woman」是高等女人，專業主婦則是低等女人。

我在當時雖是專業主婦，但仍很關注時代潮流。在我的記憶中，那場「女性戰爭」相當於女人扯女人後腿的內鬨，因為可以在雜誌報刊或電視進行爭論的都是大學教授或作家、評論家身分的女人，她們不約而同蔑視嘲笑專業主婦，甚至有學者公開聲明「專業主婦是變形的長期契約妓女」。可如今呢？往昔那些攻擊專業主婦，高唱新女性潮流的女人，有些確實堅守自己的主義，終身未婚；有些則在女人「賞味期限」後遇上合得來的伴侶，因高齡懷孕嚐盡苦頭，待孩子落地後體會當人母的辛酸與歡樂，立刻轉舵，成為支持專業主婦派人士。

經歷這些亂七八糟的過程，我只有一個感想：只要擁有自己的獨立精神世界，無論已婚未婚，專業主婦或有職主婦，甚或事業有成的女人以及靠肉體賺錢的女人，一律平等；任何女人都沒有資格批判其他女人的人生。

有個例子可以證明為何我會說那是場亂七八糟的「女人戰爭」。一九七五年，日本好侍食品公司（House Foods Corporation）製作了速食麵新商品的電視廣告，廣告詞是「ワタシ作るヒト、ボク食べるヒト」（watashi tsukuru hito, boku taberu hito）。「ワタシ」是女性自稱，漢字是「私」；「ボク」是男性自稱，漢字是「僕」；整句意思是「（女）我是做飯的人，（男）我是吃飯的人」。這句廣告詞在當時非常流行，很受歡迎，卻因婦女團體抗議，

被迫下檔。雖然這句廣告詞的男女角色分工色彩有點強烈，但前者的「私」可以看成是媽媽或女兒，後者的「僕」亦可看成是兒子或爸爸，媽媽為兒子做飯或女兒為爸爸做飯，天經地義，何必非逼迫廣告下檔不可呢？由此可見當時的女性主義者氣焰囂張到近於歇斯底里的地步。

諷刺的是，歷經多年，這句廣告詞仍留在大眾記憶中，演變為家人或情侶間的情趣會話。甚至進化成「僕」是做飯的人，「私」是吃飯的人；「貓娘」或「狗爸」是做飯的人，「喵喵」或「汪汪」是吃飯的人。

アンノン族

an-non zoku

annon 族

創刊於一九七〇年的女性雜誌《an・an》，以及在第二年跟風創刊的女性雜誌《non・no》，均是以大量彩照為主的美食旅遊雜誌，本來讀者對象鎖定在出社會約五年的年輕OL群，豈知雜誌上市後，實際捧著雜誌在日本國內東遊西走的人，竟是女大學生和

二十出頭的年輕女子。

這兩本雜誌改變了日本人的固有旅遊習慣，當時的年輕女子基於安全，不會單獨一人或少數人結伴旅遊，常見的旅遊方式是前往溫泉地的企業慰勞團體旅遊，或前往神社寺院的中高年齡層團體，其他亦有年輕男女組成的滑雪團、到海水浴場游泳或河邊露營的家族。觀光地區的旅館或飯店也會拒絕單獨一人求宿的女子旅客，深恐她們因失戀或其他原因才會隻身出遊，萬一在旅館附近發生自殺事件，後果很麻煩。

但雜誌創刊後，日本國內各地紛紛冒出單身旅遊或兩三人結伴出遊的年輕女子遊客，她們選擇的地點不是眾人皆知的觀光地區，而是寧靜並具有歷史氛圍的小鎮，旅遊方式也非走馬看花到處拍攝留影的蜻蜓點水，而是療癒系的悠閒充電式旅遊，除了尋求當地的鄉土料理和名產點心，也探訪只有當地人才知道的祕境。自此以後，各地的旅館及民宿逐漸不再拒絕單身一人求宿的女子旅客。

這群「annon 族」正是出生於一九五〇年代的日本熟女，她們於婚前便已經歷多次單身旅遊，雖然婚後忙著育兒家事，無暇出遊，但如今孩子已成人，有閒又有錢，當然會想重溫舊夢。日本的旅行社和鐵道公司很看重這群 annon 熟女世代，接二連三推出各種促銷活動。

親なび姫

おやなびひめ
oyanabihime

導航姬

「親」（oya）是父母之意，在此專指母親，「なび」是導航的 Navigate，「姬」則為女兒，整體意思是二十代後半至三十代未婚女兒與五十代媽媽一起消費的現象。

女兒轉達最新時尚資訊給媽媽，再同媽媽一起出門購物，女兒提供資訊的回報是讓媽媽掏腰包，媽媽也能自女兒身上得到最新潮流資訊，一舉兩得。例如母女一起旅遊、一起到美容院做臉護膚、逛美術館、看電影、聽音樂會，甚至連服飾也挑選母女可以共用換穿的款式。在日本，這個市場非常龐大，各種產業均針對這類同卵性母女下工夫，設計出不限年齡的服飾或裝飾品。往昔曾流行過情侶裝或夫婦手錶之類的，現在變成母女裝、母女手錶、母女皮包等。

雖然付款人是媽媽，但媽媽可以體驗年輕人愛去的熱點地區，比如御宅族聖地秋葉原的女僕喫茶店，或腐女子聖地池袋的執事喫茶店，甚或一起拍攝變身寫真或參與Cosplay 活動。若沒有年輕女兒當嚮導，五十代媽媽可能不敢隻身闖入這些年輕人的聖地，或參與某些在老公看來是不倫不類的活動。一家之長的爸爸則因「帶壞」老婆的人是自

己的女兒，只能睜一眼閉一眼，隨她們去揮霍。

反正日本政府再如何呼籲也無法制止晚婚化及少子化潮流，二十代男子又是嫌消費潮流的先鋒，難怪日本服務業會竭盡全力設法招攬這群近似朋友關係的母女。最明顯的例子是百貨公司，以前都按年齡層陳列商品，現在則紛紛重新裝潢專櫃及擺設，好讓母女可以在同一區各取所需。

断層世代

だんそうせだい
dansou sedai

斷層世代

生於一九五〇年代的人夾在政治意識強烈的一九四〇年代的「團塊世代」，和熱衷消費文化的一九六〇年代的「新人類」之間，相當於日本人的人生觀轉換期橋樑，很容易被忽視，又因令人捉摸不定，也就另有許多別稱。例如「しらけ世代」（shirakesedai），「しらけ」是褪色、掃興、冷場、情緒低落之意，表示這世代的人對政治毫無興趣，凡事冷眼旁觀；另一是「三無主義世代」（さんむしゅぎせだい／sanmu syugi sedai），「三無」意為缺乏魄力、漠不關心、不負責任。

但這些別稱都是五〇年代人在年輕時被上一代人冠上的蔑稱。田中康夫（Tanaka Yasuo）於大學時代出版一本超級暢銷書《なんとなく、クリスタル》（像是水晶）後，五〇年代人又被冠上「水晶族」之名；村上龍（Murakami Ryu）寫了一本《接近無限透明的藍》

之後，社會學者又給五〇年代人創出一個「透明族」稱呼；亦有學者另創名稱，說這代人是「ウルトラマン（Ultraman）世代」（初代超人力霸王，初代奧特曼），特徵是不表達自己的主張或論點，凡事保持沉默，只會埋頭苦幹。

總之，上一代人的專家或學者對這代人似乎很頭痛，沒法抓住他們的特徵，只得隨時代潮流更改稱呼，目前似乎統一為「斷層世代」，專指生於一九五一年至一九六〇年的世代，約有一八六〇萬人。

就我看來，這代人是「原始新人類」、「社會不參與世代」、「疏離世代」、「沉默的世代」，才會令專家難以下定義。他們在高中時期喜歡利用下課十分鐘躲在教室角落閱讀漫畫，大學期間，假日時各自埋頭於自己的世界中，絕不呼朋引伴集體做些什麼事。不喜標新立異，擅長尋找一些不屬於大眾化的小道具，例如默默無聞的某歌手的進口唱片、非常難懂的科幻或推理小說、後街小巷一家不起眼卻很溫暖的喫茶店，等等；尋得後，再獨享自己欣賞的世界，將所有感情隱藏在自己內心。表面上卻又能跟上一代的「團塊世代」與後進的「新人類世代」融洽相處，可說是個最不透明的世代。

這代人從小看著「團塊世代」嘴巴喊著「我想幹啥就幹啥」、「民主、自由」等口號，而事實上，四〇年代人的「團塊世代」幹啥都會召集黨羽，人多勢眾才敢動手。因此五

〇年代人成長至青春期時，便不自覺地養成凡事單槍匹馬、孤軍作戰的習慣，也在無意識中與「團塊世代」刻意保持距離。這種習性在上一代人眼中看來正是「三無主義」。但也正因為凡事喜歡單人獨馬，才會出現改變日本舊有旅遊方式的「annon 族」。

他們目睹大阪世博，經歷高度經濟成長閉幕過程和第一次能源危機，跨進社會後又眼見泡沫經濟的興起與沒落，因此環保意識、社會正義、秩序意識均非常強烈，但個人主義亦極為強烈。只要注意觀察，可以發現七〇年代興起的動漫文化、電玩等產業，創作者全出自這代人手中，目前紅得很的作家東野圭吾（Higashino Keigo）、宮部美幸（Miyabe Miyuki），動畫電影導演押井守（Oshii Mamoru）、大友克洋（Otomo Katsuhiro）和漫畫家高橋留美子（Takahashi Rumiko）等，都是這一代人，日本民歌（Folk music）也是源起於這一代。

カギっ子 kagiiko

鑰匙兒童

這個詞出現於一九六三年，主要針對都市區中產階級「団地族」家庭的孩子。「団地族」家庭大多是雙職家庭，這些出生於五〇、六〇年代的「団地族」孩子，從小就在

胸前掛著家裡的門鑰匙，放學後孤單一人在家等父母回來，甚至連晚飯也得自己做。這種家庭環境亦是他們於日後習慣單槍匹馬行動的原因之一。「独身貴族」（どくしんきぞく／dokushin kizoku）這詞也是這代人出社會後的一九七七年才出現，不過當時指的是真正的獨身貴族，與現代年輕人因經濟問題無法成婚，或基於不婚亦可的觀念而持續單身生活的意義不同。

日本行政機關對鑰匙兒童所下的定義是：一個月有三分之二以上的日子，在兒童放學回家至傍晚時分，家中缺乏任何監督者照看的留守家庭兒童。日本總理府於一九六八年的調查中便用了「鑰匙兒童」這個詞，當時，鑰匙兒童家庭的媽媽之所以出外工作的理由，居然有將近五成的人並非為了家庭經濟受困，而是為了獲得更多收入，真正為了生活費的人不及三成。

六〇年代前半期，日本因舉辦夏季奧運會而帶來「奧林匹克景氣」，當時，核心家庭已經普遍化，經濟高速增長令許多未婚或已婚女性走出家庭，踏進職場。正是在這個時代，「鑰匙兒童」成為火爆社會問題，基於此因，東京澀谷區帶頭設立了日本第一家公設公營的學童保育所，讓放學後的孩子有地方可以托管。

如今，日本的雙職家庭雖然有增無減，但「鑰匙兒童」這個詞已經成為死語，再也

沒有人會認為「鑰匙兒童」是不可忽視的社會問題了。因為，父母忙，兒童更忙，現代的兒童於放學後，都還要去上書法、舞蹈、外語、樂器等各種才藝培訓班，手機更縮短了父母與兒童之間的物理距離。

熟年離婚

じゅくねんりこん
jukunen rikon

熟年離婚

「熟年」指五十歲至七十歲的人，表示他們人生經驗豐富且成熟老練。「熟年離婚」則指婚姻生活維持二十五年以上，五十歲過後突然離婚的夫妻。以前是妻子默默忍耐到丈夫退休時，向丈夫要一半退休金才提出離婚要求。但自從日本政府於二〇〇七年改正年金法制後，至今為止長年當專業主婦的女人，離婚後也有資格領取丈夫的年金，於是許多因經濟問題遲遲無法離婚的熟女，均等不及丈夫退休便紛紛主動提出離婚，過著嚮往已久的二度單身自由生活。

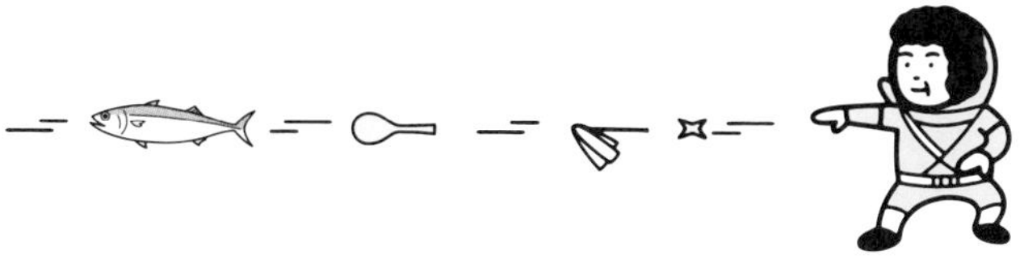

就年齡來說，五十代女子還不算「枯女」（カレージョ／kare-jo），仍有重新設計人生藍圖的可能性，要離就趁孩子已成人的這個年齡與老公揮手說拜拜，免得丈夫退休後，還得全天候吞聲忍氣伺候丈夫至少二十年。離婚理由各式各樣，大部分都是妻子主動提出，令丈夫措手不及，手忙腳亂，這大概也是時代潮流吧。此外，因日本是長壽大國，五十代人的父母都是年近八十或逾八十的老父老母，倘若年邁雙親長年臥病在床或患上失智症，絕大部分會演變為因長期看護年老病人，導致自己或妻子也病倒或陷於憂鬱症的結果。而為了避免兩代人同歸於盡的不幸，不得不與丈夫或妻子離婚的「介護離婚」（かいごりこん／kaigo rikon）例子非常多。

1960 昭和三十五年

1969 昭和四十四年

以下標籤主要針對生於一九四○年至一九四九年的日本人，
占二○一九年十月日本總人口（不包括任何外籍人士）百分之十二·八

1960

1月 喀麥隆脫離法國控制，國名定為「喀麥隆共和國」，是「非洲獨立年」的第一號獨立國家；
日本首相與美國總統在美國白宮簽署《美日安保條約》。

2月 二月，今上（德仁）天皇誕生。

5月 五月，智利大地震。

6月 六月，斯里蘭卡出現全球首位女性首相。

7月 七月，日本首相岸信介遇刺；
第一次池田勇人內閣成立。

8月 八月，意大利羅馬奧運。

12月 十二月，池田首相發布所得倍增計劃。

1961

1月 橫濱港的象徵之一橫濱海洋塔開業；
約翰·甘迺迪上任美國總統。

4月 蘇聯發射首次載人的東方一號太空船進入外太空。

5月 韓國爆發政變，朴正熙上台展開長達十八年的獨裁政權。

1962

2月

東京都常住人口突破一千萬，成為全球第一個千萬人口都市；

美國發射首次載人的友誼七號太空船環繞地球。

3月

美國航空一號班機在牙買加灣墜毀，機上九十五人全數罹難；

緬甸發生軍事政變。

5月

東京發生三列鐵道脫軌事故「三河島事故」，一六〇人死亡，二九六人受傷。

6月

法國航空〇〇七號班機在巴黎墜毀，一三〇人罹難，生還者兩人。

8月

南非政府將曼德拉逮捕入獄。

10月

中國和印度爆發邊境衝突。

1963

1月

日本富士電視台開始播放日本國產連續三十分鐘的電視動畫《原子小金剛》。

4月

日本放送協會ＮＨＫ開始播放一集四十五分鐘，為期一年，總計約五十集的大河劇。

7月

七月，日本政府公布「老人福祉法」；

日本第一條，亦是亞洲第一條高速公路「名神高速公路」通車。

11月

十一月，南越爆發政變，總統身亡；

日本福岡縣大牟田市發生「三井三池煤礦爆炸」事故，四五八人死亡，八三九人受傷；

美國總統甘迺迪遭暗殺。

1964

3月 美國阿拉斯加發生九·二的地震，一三一人死亡；
巴西發生政變，展開長達二十一年的獨裁政權。

4月 日本政府實施國民出國旅遊自由化，限一年一次，僅能帶出五百美元外幣。

5月 台灣第一條快速公路麥克阿瑟公路全線通車。

10月 全球首條高速鐵路東海道新幹線（東京—大阪）通車，時速二百一十公里；
亞洲首屆奧運會東京奧運。

11月 第一次佐藤榮作內閣成立。

1965

2月 北海道夕張市發生「北炭夕張煤礦爆炸」事故，六十二人死亡。

6月 福岡縣嘉穗郡發生「三井山野煤礦爆炸」事故，二三七人死亡；
日本足球聯賽開幕；
日本和韓國在東京簽訂《韓日基本條約》，日本付出總計八億美元的賠償金。

7月 名神高速公路全線通車。

8月 新加坡脫離馬來西亞聯邦獨立，成立新加坡共和國。

11月 中國展開文化大革命。

1966

1月 日本政府廢除一年一次的國民出國限制，出國次數自由化，一次可帶出的外幣仍限五百美元。

2月 全日空六〇號班機墜毀於羽田機場東京灣，機上一三三人全數罹難。

3月 日本總人口突破一億大關。

5月 東京北區出現第一家自助洗衣店。

8月 中國全面展開無產階級文化大革命。

1967

2月 第二次佐藤榮作內閣成立。

3月 大阪阪急千里線北千里車站設置了日本第一台自動剪票機；日本航空開始運航世界一周航線；印尼爆發政變。

5月 香港左派受文化大革命影響，爆發長達七個多月的「六七暴動」。

6月 第三次中東戰爭爆發，戰爭進行了六天，以色列戰勝。

8月 東南亞國家協會成立；日本JCB信用卡組織首次發行國際信用卡。

10月 英國名模兼歌手崔姬（Twiggy）在日本掀起迷你裙熱潮。

12月 南非巴納德博士成功完成全球首次心臟移植手術，患者於十八天後死亡。

1968

1月
捷克斯洛伐克的政治民主化運動「布拉格之春」開幕；
東京大學醫學院發起無限期罷課運動的「東大鬥爭」開幕。

4月
日本第一座摩天大樓「霞關大樓」竣工，高一四七公尺。

5月
法國全境爆發由學生主導的大規模遊行示威「五月風暴」。

6月
小笠原諸島歸還日本。

7月
日本實施郵遞區號制度。

8月
北海道札幌醫科大學的和田壽郎教授，成功完成日本首次心臟移植手術（全球第三十例），患者於八十三天後死亡；
蘇聯及華沙條約成員國入侵捷克斯洛伐克，「布拉格之春」結束。

10月
東京、大阪地區設置自動售票機；
墨西哥奧運；
川端康成獲得諾貝爾文學獎。

12月
東京都府中市發生「三億日圓搶劫案」，至今仍未破案。

1969

6月

六月，日本的國民生產總值（GNP）超越西德，躍升為全球第二位。

7月

七月，美國阿波羅十一號載人登月成功。

9月

九月，共產主義者同盟（恐怖組織）日本赤軍成立。

12月

十二月，日本住友銀行（現三井住友銀行）在東京及大阪分別設置日本第一座自動提款機（ATM）。

男介の世代

だんかいのせだい
dankai no sedai

男介世代

六十至七十代的男子，父母或許已經不在人世，但長年伴在身邊的妻子有可能被病魔纏身。倘若子女皆已婚，膝下又有幼兒的話，子女肯定無法抽空照顧病榻纏綿的母親，這時，當丈夫的只能出面承擔照顧病人的重責。有些是妻子為了照顧娘家的年邁多病雙親，而丈夫的雙親之一也病倒，丈夫只得親自扛起照顧病人的責任。後者的例子多半是獨生子女或長男長女身分的夫妻，前者最有名的例子是曾連任四任大阪府高槻市（Takatsukishi）市長的江村利雄（Emura Toshio）。

江村利雄在就任第四任市長寶座時，為了看護患有失智症的妻子，任期未滿即辭去連任十五年的市長職位。當時他對傳媒說：「市長有人能替代，但沒有人能替代丈夫的

位子。」這句話引起很大反響，令大眾深受感動。

日本的六十代男子通常曾是身經百戰的企業戰士，但他們也是堅持男主外女主內舊觀念的世代，當然對家事一竅不通。年過六十，不但要重新學習家事，還要照顧病人，想見一定狼狽不堪。何況男人本就不擅於訴苦，沒處可發洩，弄得不好，不但會引發兄弟或姊妹互相推卸責任，彼此反目成仇的結果，恐怕連當事人也會因身心疲憊而病倒。

據日本厚生勞動省統計，一九九八年時，男性在家庭照顧病人的比率只占全體的一成六，但二〇〇七年時則升至二成八，當然此數據並非集中在六十代男性身上，也包括兒子照顧長年臥病在床的寡母的例子。而二〇一六年的最新數據是三成四，其中六十五歲以上的男性占百分之五十六．二。總之，少子化、國民高齡化、小家庭化、非婚率增高等背景，都是形成「男介世代」的因素之一。

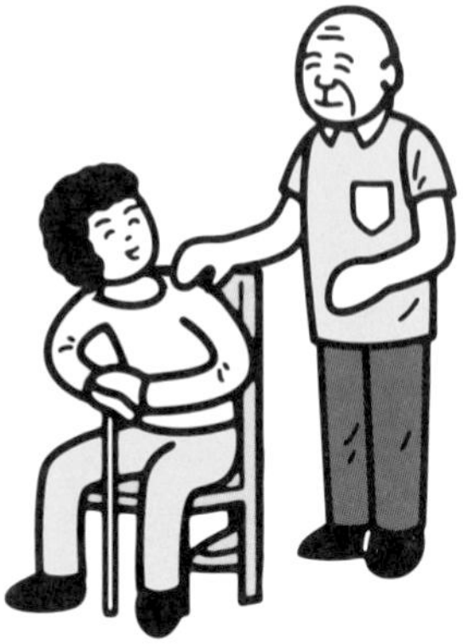

フーテン族

hu-tenzoku

瘋癲族

這是專指一九六七年左右聚集在東京新宿東口的年輕人集團用詞，是四〇後的日本人於年輕時的服飾潮流。當時那些年輕人流行留長髮，穿喇叭褲，戴墨鏡，無所事事地聚集在新宿東口前的草坪或坐或躺，有點類似美國的嬉皮。我記得我在高中時代幾度回台灣玩時，台北市及高雄市的高中生或大學生正流行穿喇叭褲配高跟鞋，但對我來說，那種打扮在日本早已過時，是上一代人的遺產，我們在當時無論男女都穿直筒或窄管牛仔褲，所以每次回台，身穿直筒或窄管牛仔褲、腳上是平底鞋的我，走在台北或高雄市街上時總會受人矚目，甚至有人會來搭訕問我從哪個國家來的。台灣四年級或五年級的人應該都有記憶吧？正是台灣作家三毛的書紅遍整個台灣那時期。

一九六八年，喜劇《寅次郎的故事》（男人真命苦）電視劇開播，之後是長達四十八部的電影，主角寅次郎的綽號正是「瘋癲阿寅」。不過，電影中的寅次郎並非真正的瘋癲族，他是走江湖的擺攤小販，在日本國內四處流浪，每次都會遇上一位美女，而每次都以失戀收場。

粗大ゴミ そだいごみ sodaigomi 大型垃圾

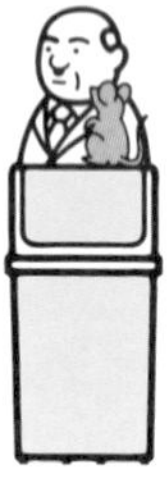

「粗大ゴミ」指家電、家具、電腦等大型垃圾，用在人族身上，便是六十代退休男子。這些退休男子在退休前是大男人主義丈夫，妻子也對丈夫俯首帖耳，他們與妻子的會話通常只有三句：「吃飯，洗澡，睡覺」，是典型的男人當家的「亭主関白」（ていしゅかんぱく／teisyu kanpaku）。正因為如此，他們退休後即便過著每天都是星期天的日子，也不會幫忙做家事，像家裡的電視、電冰箱、衣櫃那般，只會杵在固定地方，既搬不動也趕不走。

六十代妻子最討厭這種丈夫。丈夫在上班時期，妻子只要準備早餐和晚餐即可，但丈夫退休後，妻子不但得定時侍奉三餐，還得一天二十四小時都跟缺乏共通語言的丈夫面對面，不憋死才怪。另一種退休丈夫是「濡れ落ち葉」（ぬれおちば／nureochiba），濕葉之意，形容無論妻子出門到哪兒，丈夫總要當跟屁蟲，黏在妻子身後跟東跟西，像一片甩也甩不掉的濕落葉。英國、奧地利某些都市的購物中心有「託夫所」，日本的「託夫所」大概是百貨公司的屋頂露天啤酒館或遊藝場吧。

地域デビュー

ちいきデビュー
chiiki debyu-

社區登台

以日本男性平均壽命來算的話，退休後的男子餘生至少有二十年，這二十年到底該如何過呢？難道只能屈就於妻子眼中的「大型垃圾」或「淋濕落葉」嗎？日本某些社會學者或縣政府針對此問題，正在拚命推廣「地域デビュー」運動，即力勸退休男子在住居社區登台，盡量融入社區圈子。但這個年齡層的日本男人相當頑固，他們認為自己曾是撐持日本經濟的大支柱，孩子能離巢獨立也是多虧自己長年努力工作的成果，哪能像三姑六婆那般在社區內到處串門子？

在此以我的經歷打個比喻。我搬到目前的社區已長達二十六、七年，但跟左鄰右舍的丈夫碰面機會不多，一年只有三次。其中兩次是春季、秋季大掃除，社區內的居民都要出來打掃街道，只有這時才有機會與社區內鄰居的丈夫交談；另外一次是每年三月底社區自治會召開大會時，大家都要聚集在區公所會議室討論社區內一年來發生的大小事，並替換會長、副會長、會計、班長等輪番制的幹部職責。召開大會時，討論的都是正經事，沒人會在會議室閒聊，開完會就各自走人。

嚴格說來，我能夠與鄰居丈夫閒聊的機會只有春秋兩季的大掃除日，至於一年一次眾家共聚一堂召開大會時，除了住在同一條巷子的鄰居丈夫，我根本分不清在場的其他男性到底是哪家的丈夫。或許我認識對方的妻子，但自治會召開大會時，通常由一家之主的男人出面，只有輪番當幹部的家庭才會夫妻成雙出席，因為要準備茶點，必須有女人在場幫忙。而我是單親家庭的一家之主，二十六、七年來都是我單獨一人出席參與大會。但即便我每年都出席，至今仍搞不清誰是誰的丈夫。由這點足以證明日本的都市區上班族丈夫，平日與社區鄰人幾乎毫無交流，家庭對他們來說，相當於下班後回來睡覺休息的旅館。

日本社會學者和縣政府均深知此問題很嚴重，才會大力推廣「社區登台」、「融入社區」活動。只是，效果似乎不大。我家同一條巷子內有五家是退休夫妻家庭，但那些退休丈夫在家裡到底都在幹些什麼事，我全然不知，因為沒機會碰面，只能從妻子口中偶爾打聽到一些有關她們的丈夫的八卦。

モグラ女

mogura onna

鼴鼠女

專指「團塊世代」的女性。鼴鼠常居土中，不見日光，因而喪失視覺，但嗅覺、聽覺特別敏銳，擅長掘土，捕食昆蟲為生。「團塊世代」女子是享受日本戰後民主主義自由風潮的第一代，她們在小學便接受男女平等的思想教育，不過，待她們自高中或短大、大學畢業進社會工作後，才發現日本企業仍視女子為辦公室的花瓶。

當時她們在職場只能做些簡單工作，說難聽點，是專為男性員工服務的工友，例如幫上司跑腿買香煙、下午三點休息時間必須沏茶給男性員工，等等；若在職場找到對象準備結婚，事前得先獻上辭職書，正是前面說過的「壽退社」。總之，她們是日本第一代

OL（office lady），名符其實的辦公室花瓶。

婚後，由於長年在家裡當專業主婦，喪失觀察社會現狀的視覺，只留下對丈夫、孩子的行動特別敏銳的聽覺與嗅覺，形同鼴鼠，這正是「鼴鼠女」名稱的由來。這世代的女兒大部分是一九七〇年以後出生的女子，女兒可能從小目睹母親對父親唯命是從的委屈人生，所以除非萬不得已，女兒會選擇不反對妻子於婚後繼續工作的伴侶。

當「鼴鼠女」的丈夫們陸續退休，個個自企業戰士或工蟻化身為「大型垃圾」和「淋濕落葉」，時代潮流也完全轉向，於是她們紛紛爬出地底。有些人與同世代女子登上花船敲鑼打鼓，有些人躋身餐飲業為別人服務。還曆過後出社會工作的「鼴鼠女」並非基於經濟問題，她們大部分有房有車，存摺裡還有一筆丈夫的退休金和私房錢，其實不用爬出洞穴。只是，同樣是餐飲業，專業主婦自廚房端菜給「大型垃圾」丈夫吃時，丈夫不會說聲「謝謝」；但如果在大眾食堂或速食餐廳端菜給客人，客人絕對會點頭稱謝。對她們來說，工資多少不是問題，她們的目的是享受洞穴外的陽光，讓丈夫去體會當鼴鼠的滋味，這正是「鼴鼠女」對丈夫的還擊。

ガモーナ

gamo-na

巣鴨女

「ガモーナ」是聚集在東京巣鴨（sugamo）車站北口附近的六十代、七十代女子之暱稱。那條「巣鴨地藏通」商店街本來就有「祖母級的原宿」之稱，在日本國內非常有名。我曾去逛過，確實是六十代、七十代祖母級的天下，但也有不少年輕女子以及類似我這種慕名去湊熱鬧的串客。除了昭和時代氛圍濃厚的「巣鴨地藏通」，那附近還有芥川龍之介、谷崎潤一郎、手塚治虫等名人墳墓，南口有日本庭園名勝之一的六義園（rikugien），值得一遊。這條商店街最珍貴的應該是無論時代潮流如何變化，永遠保持原貌，不會為了迎合年輕人而改頭換面蓋高樓或換商品。

家付き、カー付き、ババア抜き

いえつき、カーつき、ババアぬき
ietsuki, ka-tsuki, babaanuki

有房、有車、沒婆婆

這是一九六〇年出現的流行語，亦即一九四〇年代的女子於年輕時的擇偶條件，有房、有車、沒婆婆。這條件看似與現代中國內地女子的擇偶條件相近，只是時代差距約五、六十年。

現代日本女子自己會開車並有車的人很多，但住在大都市鬧區的人，有車反倒不方便，因為很難找到停車場，而且在日本買車時，必須提交車庫證明，證明你家有車庫或有固定繳月租的停車場，不能隨便把車子停在巷道或路邊，因而住在大都市鬧區的人通常選擇搭地鐵，於是「有車」這條件已落伍。至於房子，反正現代的婚齡男女部分都是長男長女或獨生子女身分，男方或女方的老家肯定有房子，只要耐心等，總有一天能繼承雙親的房子，所以「有房」這項條件也已過時。剩下的是「婆婆」問題。

雖然婆媳問題歷久不衰，不過，現代的日本三十代、四十代女子，大部分於婚後也

必須工作，婆婆似乎已不成問題，有些人更目盼心思，期望能將家事育兒工作交給婆婆承擔。然而，六十年後的今日，即便媳婦願意跟婆婆一起住，這群往昔視婆婆為敵的現代婆婆卻不領情。無論娘家「婆」或夫家「婆」，都不願享受含飴弄孫之樂，甚至不肯跟已離巢的孩子同居。她們寧願當出土的「鼴鼠女」或「巣鴨女」，也不想為了照顧孫子而失去好不容易才獲得的自由。

我家社區幾個退休媽媽均異口同聲表示，兩、三個月碰一次面，元旦時帶孫子回來過年就好，其他免談。這正是現代日本都市區祖母輩的觀念。

一億総中流

いちおくそうちゅうりゅう
ichioku so-tyu-ryu-

一億總中流

「一億總中流」這個詞出現於一九六〇年代中期。「一億」代表總人口，「中流」意味中產階級（middle class），兩者加起來的意思是「全民中產社會」，亦即，全民貧富差距不大，全民社會地位均等，全民觀念意識近似，全民集體記憶很多。

日本內閣府自一九四八年起，便不定期實施個別直接聽取式的國民生活民意調查，在一九五八年時正式定名為第一次「國民生活民意調查」，其後，每年實施一次，而且每年的調查問卷中，都有對自己所處的生活水平及社會階層的設問，選項分為「上」、「中上」、「中中」、「中下」、「下」。一九五八年的第一次正式調查結果，即有七成以上的日本國民認為自己處於「中流」。

一九六〇年，當時的池田勇人內閣制定了「國民收入倍增計劃」，宣布自一九六一年

起，以十年為目標，將讓全民收入倍增，生活水平與西歐先進國家並肩。這項經濟政策在日本經濟高度成長期間發揮了作用，日本於一九六八年一躍晉升為世界第二號經濟強國。因而，一九六〇年代中期的「國民生活民意調查」結果，認為自己處於「中流」的人超過八成。一九七〇年至二〇一九年的調查結果，均有九成以上的人認為自己過的仍是中產階層的「中流」生活。二〇二〇年則因新冠病毒肺炎（COVID-19）疫情而中止調查。

那麼，日本人眼中的「中流」生活，到底是什麼樣的生活呢？五〇年代後期，日本邁進戰後第一次經濟發展高潮，大批農村地區及地方城市的年輕人湧進都市區成為上班族，那時的標準家庭是：丈夫終身在同一家公司或企業工作，專心掙錢；妻子留守家中打理一切，是全職主婦。他們通常住在半官方性質的密集廉價住宅的「團地」社區，或分期付款的公寓，這類住居的內部空間都不大，頂多兩間臥室及起居、飯廳、廚房共同空間，另外就是沖水馬桶坐廁及浴室、曬衣服的陽台。無論經濟或生活品質，你家和我家都差不多。

到了六〇年代，日本式僱傭制度形成，工傷保險及失業救濟等勞動保險穩固，上班族薪資普遍抬高，國民人均收入增加了一．四倍，「三神器」電視、洗衣機、電冰箱普及。全民醫保、全民年金保障體系完成，兒童撫養津貼法、老人福利法、母子保健法等相繼

頒布。義務教育入學率幾近百分之一百，高中升學率高達七成，大學升學率也提升至四成，教育均等化促進了中產階層的再生產。

七〇、八〇年代的日本「中流」家庭，丈夫依舊在同一家公司或企業上班，妻子依舊扮演著賢妻良母的角色，彩色電視、空調、轎車等進入一般家庭，住的是獨門獨院的房子。孩子可以接受高等教育，爸爸有餘裕帶全家人出國旅遊。「終身雇用制」讓爸爸不用擔心失業，「年功序列制」讓爸爸的薪資隨著工齡不斷上漲。只要努力，人人皆能過著衣食有餘、家給人足的寬裕生活。

然後，經濟泡沫破碎了，千禧年來了，二〇世紀升級為二十一世紀。日本昭和時代成為「一億總中流世代」的最美的記憶，平成時代的新生代則走得跌跌撞撞，到了令和時代的今日，男人說他無力供養一個家庭，女人說她不想在婚後還要上班，於是，乾脆終生不婚不嫁、不生不育。少子化干我何事？高齡化又干我何事？抱歉，我自己一個人也可以過得很中流。

団塊の世代
だんかいのせだい
dankai no sedai

團塊世代

「團塊世代」指一九四六年至一九五〇年出生的嬰兒潮男女，人數大約有八八〇萬人。此集團幾乎全體走過同一條人生路程，他們出生成長在日本全國各地，為了升學或就職，集體移動到東京定居，婚後再於東京四周的衛星城市置房，讓妻子孩子住在衛星城市的花園房子，自己則每天花費一、兩個小時搭電車前往職場上下班。現今日本人口極端集中在首都圈的現象，正是這些「團塊世代」當初離鄉背井的結果。

「團塊世代」是奠定日本年輕人文化的第一代，算是日本次文化潮流始祖。他們之所以能奠定年輕人文化基礎的最大原因，是大家均為離開故鄉在外地求生或求學的同病相憐者。根據一九七〇年統計，東京學生街代表的高圓寺車站附近，居民有半數以上正是「團塊世代」。一個城鎮中，人口半數以上都是同病相憐的年輕人的話，自然會形成一股特有且固定的文化。「團塊世代文化」可以簡化為三項焦點來解讀：消費文化、反抗文化、感性解放文化。

消費文化：這世代由於幾乎全體離家獨居，所以每個人都生平首次體會自己打工賺

錢掏腰包、自己選擇服飾或商品的經驗。當時的時尚潮流是迷你裙、牛仔褲、男生留長髮、閱讀成人視為不良書刊的漫畫。「團塊世代」藉由自己選購商品表達自我，也藉由消費批判迄今為止視生產為人生首要目標的舊世代。當時的雜誌專輯常見「你是披頭四黨或是滾石黨？」、「你是 ivy 派還是 continental 派？」等標題。Ivy 指美國東北部八所高等學府組成的 Ivy League，「ivy 派」則指當時流行的服飾；「continental 派」也是美國學生的流行服飾，只是混合了義大利風格。

「團塊世代」特別喜歡選擇少數派，對他們來說，「少數派＝真貨＝正確」的信念幾乎是一種信仰。這種信仰還包含「大人＝主流＝多數派＝不純粹，年輕人＝反主流＝少數派＝純粹」的吶喊。

反抗文化：提到「團塊世代」，一般日本人通常會聯想到校園抗爭。電視時常重播當時的影片內容，例如大學生死守在大學校園內，個個戴著白色鋼盔在街頭與機動部隊起衝突的刺激鏡頭，因此這世代另有「全共鬪世代」（ぜんきょうとうせだい／zenkyoutou sedai）之稱。不過嚴格說來，真正參與「全共鬪運動」的人數不過是「團塊世代」中能夠升大學的幸運者而已，大學學歷者占二成五，七成是高中學歷，而且大學生中真正參與行動的人也占少數，大多數人均為旁觀者。

「團塊世代」的反抗文化象徵正是牛仔褲與迷你裙。他們全體穿著令上一代人皺眉的同樣服裝，目的在否定上一代人的價值觀，另一方面也藉服裝增強年輕人之間的連帶感。其他如電子吉他、校園民謠等年輕人文化，都還未離譜到令上一代人無法忍受的程度，直至「瘋癲族」、先鋒派民謠出現，上一代人才真正體會新舊世代之間確實有一條無法跨越的代溝。

感性解放文化：當時的流行語是「feeling」，凡事都看對方的「feeling」合不合自己的口味，合則聚，不合則分。這種「feeling 主義」在當時的上一代人看來，簡直是一種斷絕宣言。因為上一代人無法理解年輕人口中的「feeling」到底是啥玩意。上一代人是「少數服從多數」，新生代的「團塊世代」卻是「我想幹啥就幹啥」、「重視個人感覺」。當時的日本主流社會人都習慣壓抑「小我」以成全「大我」的社會潛規則，也因此，舊世代與新世代之間完全喪失填補代溝的手段。

總之，無論政治觀點或流行服飾、生活樣式，「團塊世代」的旗幟均極為鮮明，凡事黑白分明，敵我兩方界線清楚。但因為同世代的人數太多，競爭激烈，導致他們很容易隨聲附和。表面看似各持己見，卻又深恐遭同一代人排斥，到最後只能人云亦云，全體格式化。最顯著的例子正是學生時代沉迷於「全共鬪運動」的極端分子，大學畢業出

社會後全體見風轉舵，成為不接受新潮流、新觀念的超保守派。下一代的「斷層世代」正因為看不慣他們這種作風，遂演變為凡事都抱著何必認真的態度，敵我不分，見機行事的特徵。

在我的印象中，「團塊世代」的男人非常頑固，我目前居住的小區內，有半數鄰居正是團塊世代。說他們頑固或許不正確，確切說來，是信念極為堅定的一群。他們會為了堅持自己的信念不惜跟鄰居翻臉，事後又彷彿沒發生過任何事般和和氣氣。跟這群男人打交道時，我經常暗地嘆道：「不愧是曾經呼吸過反戰、反體制、學生運動空氣的人，說東是東，說西是西，毫無轉圜餘地。」

核家族 かくかぞく kakukazoku

核心家庭

這是一九六三年出現的流行語，意指由父母及其未婚子女兩代人組成的家庭類型，以及，僅有夫婦兩人、單親爸爸或單親

媽媽和未婚子女所組成的家庭。核心家庭早在日本江戶時代便已成形，而且在都市區是普遍現象，一九二〇年日本政府第一次實施國勢調查時，便已得出核心家庭高居五成六的數據。戰後因「團塊世代」大舉遷徙，致使核心家庭驟增。尤其是東京，核心家庭占九成以上。

然而，隨著日本人的平均壽命增長，日本早已跨入高齡社會，且將迎接前所未有的超高齡社會，因而核心家庭的負面性逐漸浮出水面。一九九〇年起逐漸減少，但仍占日本全體家庭的六成。六成中，有兩成是夫婦兩人的家庭，三成是夫妻與子女的組成，另外將近一成是單親家庭。剩下的四成，大家庭只占一成多，單身家庭則占兩成多。

二〇一五年時，核心家庭並沒有驟減，在日本全體家庭中，依舊維持在將近五成七左右的比率。只是，因為人口高齡化速度太快，僅有夫婦兩人的家庭提升至三成，夫妻與子女的組成降至兩成七，單身家庭則增至三成五。另一點非常有趣，就是夫妻和孩子組成的小家庭，與丈夫或妻子的母親（對小孩來說是外婆或祖母），住在同一個市鎮或鄰市的比率大增。也就是說，小家庭和外婆或祖母家之間的距離不太遠，日常生活中通常可以頻繁互相往來，最短是徒步十分鐘以內，最遠是搭電車或開車一小時以內。

新成田離婚

しんなりたりこん shin narita rikon

「成田離婚」是泡沫經濟時代的遺產，專指新婚夫妻，但「新成田離婚」並非過去式，而是現在進行式，且比率逐年增加，專指退休夫妻的離婚例子。丈夫退休後，得到一筆退休金，許多夫妻會興高采烈地計畫到海外旅遊慶祝退休，可到了海外，丈夫對妻子仍採取之前養成的大男人主義態度，凡事頤指氣使，致使一肚子悶氣的妻子回到成田機場後，想到往後二十年餘生都要同這樣的丈夫一起過，乾脆離婚了事。

六十代的退休丈夫在上班族身分期間，幾乎都以工作為重，家中大小事全交給妻子掌管。他們認為只要能賺錢養家，便是一家之主，又因為每天早出晚歸，與妻子和子女甚少交流，彼此缺乏共通話題。本來就沒話可聊的夫妻，到了人生地不熟的外國，一天二十四小時都得形影相隨，隨喚隨到，就算妻子耐性再好，也會火山爆發。

搭飛機到海外旅遊四、五天的例子，或許還不致於引起最壞的結果，據說海上旅遊最可怕，尤其是周遊好幾個國家的那種豪華海上旅遊。環遊世界的海上旅遊期間長達一兩個月，每天都待在船上，即便船上有許多活動，但日本的六十代退休丈夫根本無法融入

這類活動圈子。他們眼睜睜看著其他男人摟著自己的妻子跳社交舞，或妻子像隻蝴蝶到處飛來飛去，與陌生人談笑風生，臉不拉長得如同馬臉才怪。

会話レス高齢者

かいわれすこうれいしゃ
kaiwa resu koureisya

無會話高齡者

據日本內閣府二〇一〇年調查，六十歲以上的獨居高齡者中，沒有對象可聊天的男性占四成，女性占三成，以高齡者人口比率來算的話，全國約有一四〇萬人是「無會話高齡者」。美國獨居高齡者中，每週至少與子女通電話或聚會一次的人占八成，法國與韓國也均有六成以上，日本卻僅有四成七的獨居高齡者頻繁與親人聯絡。

可能基於此因，不少日本企業和縣政府、國立助殘研究中心都在施行讓獨居老人與「會話機器人」同居的實驗。據說效果相當好，「會話機器人」能隨時提醒獨居老人外出運動或定時吃藥、量血壓，甚至主動到玄關迎接訪客，並通知主人有客人來訪。日本本來就有機器人大國之稱，只要研究人員再接再厲繼續研發更聰明的機器人，二十、三十年

後的超高齡日本社會，或許家家都有一具機器人老伴。

某些動保人員或社會學家曾建議，讓身體健康的獨居老人組成「流浪動物中途之家」，負責看顧街頭沒人照管的小貓，或被人送進公立收容所等待安樂死的小狗，直至有人願意認養這些可憐的小貓小狗。然而，此案雖是一舉兩得的建議，實施起來恐怕比登天還難。

試想，倘若當事人生性喜歡貓狗，很可能不用別人勸誘，家中早就有寵物了，而家中有寵物的人不大可能會落到一星期都沒人可談話的地步；又或者當事人性情開朗，喜歡到鄰居家串門子，那也不會過著一星期都缺乏開口說話的生活。如此看來，這些「無會話高齡者」可能均因各種理由而成為社會中的孤立分子，否則怎麼會過著無會話的日子呢？

此外，以六十歲以上的男女為對象，日本內閣府於二〇一五年實施的國際比較調查，得知日本有二成六的人沒有「彼此可以商討事情或互相幫忙的好朋友」，美國是一成二，瑞典則為百分之八・九。即便是普通的同性與異性朋友，日本也僅占百分之十三・八，瑞典卻有將近六成的人同時擁有同性與異性朋友。看來，無論有無配偶，六十歲以上的日本人似乎都比較孤獨。

BEFORE

1959

昭和三十四年

以下標籤主要針對生於一九三九年之前的日本人，
占二〇一九年十月日本總人口（不包括任何外籍人士）百分之九·〇

焼け跡世代

やけあとせだい
yakeato sedai

廢墟世代

「廢墟世代」分兩個時期，其一指生於一九三九年四月至一九四五年的人，約八百多萬人。這些人在第二次世界大戰中度過童年，實際有過空襲及眾人躲在防空壕避難的恐怖體驗，二戰結束後入小學接受民主主義教育，又經歷「東京審判」及「朝鮮戰爭」（韓戰）等混亂時期。日本於二戰後才出現新制大學，大學升學率也於大戰後逐漸提高，根據日本二〇一〇年的國勢調查「最終學歷」項目結果，得悉一九四〇年代出生的男性之中，高職、高專、短大、大學畢業者占二成六，女性則占一成六。亦即，這層「廢墟世代」後半的人，可能十人中有一人是高專或大學畢業者。換句話說，高專、大學教育在這個年齡層已逐漸大眾化，大學畢業生不再是尖端知識分子。

另一群是生於一九三五年至一九三九年三月的人，約七百萬人。這群人在二戰中入小學，小學低年級時接受過軍國主義教育，敗戰後實施民主主義教育，因而一夜之間所有教科書中有關軍國主義的教條全被塗上黑墨，改為民主主義教育。他們是經歷軍國主義教育和民主主義教育兩極端的世代，不但在小學時體驗過空襲及防空壕的滋味，也在少年期經歷因學校建築物燒毀而在空曠地聽課的露天教室經驗，三餐食糧和日用品均得在黑市高價入手，住在都市區的人甚至必須搭火車到農村以物易物才能獲得糧食。此年齡層的人是擁有第二次大戰記憶的最後一個世代，「廢墟世代」後半的人則大多數都已忘掉上小學之前過的日子。

我不太清楚二戰中及戰後的日本社會狀態，只能從電視或小說零零落落虛擬體驗當時的塵封往事，但有件事令我記憶深刻。

二〇一〇年春季，我為了砍掉家中院子幾棵妨礙巷道景觀的大樹，請人來伐樹。來人是六十代後半及七十代前半的兩名男人。本來只是託他們砍樹而已，兩天即可完成，但跟他們聊天時，我發現他們賺的是零工錢，乾脆把其他雜事也交給他們做，讓他們多賺一點。

說實話，如果請四十代或五十代的便利屋員工來砍樹，對我來說比較省事。無論任

何委託，便利屋員工都按鐘點計費，所以工作時絕不休息也不與委託人閒聊。但當時來的是六十九歲和七十一歲的兩個男人，在我眼中看來是「老人世代」亦是長輩，他們的辦事方式亦是上一代人的舊習，邊工作邊和委託人閒聊，到了中午，甚至在我家院子席地而坐吃起便當。

我雖是付費的委託人，卻也是晚輩身分，何況是女人，只得丟下自己的打稿工作到院子奉茶順便跟他們東拉西扯。結果，本來僅須花兩個工作天的砍樹工作，不知不覺竟逐日增加雜事，最後連房子的雨水檐槽換新工程和家裡所有紗窗的換新工作也委託他們代理，兩個星期後才結束所有工作，我也跟他們聊了整整兩個星期。這兩位老人不是門窗木匠也非土木建築工匠，當然無法擔任更換雨水檐槽之類的工作，他們只是代我找來可以信任的建材公司，讓年輕工匠去做，再從中抽取介紹費。

兩個星期的閒聊中，我第一次明白原來在他們眼中，我是「生於高度經濟成長期、沒吃過真正苦頭、溫室成長」的世代，也首次理解曾在二次大戰中或戰後度過童年少年的這一代人，基本上都是閒不住的人。他們知曉何謂真正的三餐不繼，也體驗過有錢也買不到蕃薯土豆吃的日子，因而即便年紀再大也閒不住，只要身體健康，四肢仍健全，他們總會設法找零工做，而且具有如同蜘蛛網的人脈組織，任何打雜都能接，只怕沒人

找他們而已。

這兩位老人或許不能說是生於一九三〇年代的日本男人的代表，但給我的印象很深。倘若他們知道我稱他們為「老人」，恐怕會連跑帶跳奔來我家，揮著拳頭罵我：「妳這個小丫頭，竟敢在背後說我們老？我們只是比妳早生二十年，寶刀還未老！」

太陽族 たいようぞく taiyouzoku

太陽族

日本是戰後才出現年輕人文化。戰前，文化先驅或文化推波助瀾者通常是知識分子，換句話說，是成人在主導文化。戰前乃至更早的時代，年輕人無法也無力主張自我存在，甚至是一群沉默的弱者。敗戰後，所有既成概念與舊有體制全部瓦解，是非黑白均缺乏標準規範可遵循，整個社會呈現失重狀態，人人無所適從，無法可循。

敗戰那一年，上野（ueno）車站每天都會出現餓死者，最多一天有六個餓死者。翌年，

斑疹傷寒、天花、霍亂等惡疫猖獗，全國死亡人數總計高達七千。一九五〇年韓戰爆發後，混亂的社會才急遽收束，人們努力構築戰後的市民社會，往秩序之路邁進；年輕一代的卻我行我素，有的躑躅不前，有的暗中摸索自我秩序。總之，他們不再盲目跟隨上一代人的足跡，這正是日本年輕人文化的醞釀期。而年輕人文化的開創始祖正是「太陽族」，現今稱新生代為某某族的標籤也是自此而來。

「太陽族」於一九五〇年代後半出現，正是在二戰中度過童年，於少年期迎接敗戰的那群人。一九五六年，當時還是大學生的石原慎太郎（Ishihara Shintaro，第十四－十七任民選東京都知事）曾以戰後都市區年輕人的風俗潮流為主題，寫下一部名為《太陽的季節》小說，榮獲芥川文學獎，翌年拍成電影，造成史無前例的瘋狂潮流，也招惹上一代人的注目與警戒。

與當今的年輕人潮流比之，「太陽族」其實相當可愛，充其量不過是呼朋引伴聚集在神奈川縣的湘南海岸喝酒、唱歌、打架，或是三五成群到深夜喫茶店閒磕牙、熬夜而已。但對當時急於重建新秩序的上一代人來說，他們是一群傷風敗俗的無軌道集團，於是湘南海岸出現監視青少年行動的巡視組織，地方政府制定取締深夜喫茶店的條例，公共媒體組成媒體懇談會，呼籲電影公司慎重考慮不要拍攝此類青春電影……

《太陽的季節》上映後兩個月，由石原慎太郎的弟弟石原裕次郎主演的《瘋狂果實》，又創下票房高達一億五千萬日圓的記錄，形成一股排山倒海的「裕次郎旋風」。之後，銀幕中的「裕次郎」便成為當代年輕人憧憬的偶像，也代表當時的年輕人文化。接著是一九六〇年代初，出現飆車族始祖「雷族」（kaminarizoku），服裝是黑皮革夾克，頸上繫著一條白領巾，有如二次大戰戰鬥機飛行員打扮。不過這些飆車族最初都是單獨一人騎著摩托車自娛，不會做出集體製造噪音的行動，何況摩托車在當時是奢侈品，只有部分富裕家庭子弟才買得起。一九六〇年代後半才出現集體騎七五〇CC大型摩托車在街上飆車的「ナナハン族」（nanahanzoku，七半族），也出現駕駛四輪車在公路飆車的賽車族。後來因青少年於十六歲便能考取摩托車駕照，一九七〇年代初亦出現青少年買得起的摩托車，部分不良少年利用摩托車組成黨派，於是統稱這些騎摩托車幹壞事的不良少年為「暴走族」（bo-so-zoku）。

不過，在「暴走族」出現之前，「太陽族」或「雷族」均是少部分的突發性族群，不足以形成引領時代潮流的大眾文化。真正讓年輕人文化在日本成為時代尖端潮流並引領大眾的世代，正是下一代的「團塊世代」。

団地族
だんちぞく
danchizoku
團地族

「団地」意為「一團土地」或「一團地區」，也就是中文的社區或小區之意。日本於一九五〇年代中期開始建設公營住宅，在同一地區蓋了幾十棟外型相似、整齊劃一的水泥鋼筋建築高樓，屋裡不但有現代化的抽水馬桶衛生間、浴室、可以擱飯桌和椅子的飯廳，亦有陽台，在當時是一般老百姓憧憬的住居。直至一九七〇年代為止，這些高樓頂多五層，沒有電梯設備，現在則愈蓋愈高。東京最有名的團地是板橋區（itabashiku）高島平（takashimadaira），小區人口約五萬，區內不但有幼稚園、小學、中學，也有警察局、消防隊、郵局、醫院、圖書館、商店等，類似一個住宅小都市。

一九五〇年代中期，正是一九三〇年代人出社會後準備結婚成家的時期，於是這種西洋式高樓便成為他們的憧憬。只是並非每個人都能住進公營團地，必須報名抽籤，所以一棟樓內聚集了各式各樣職業不同、出生地不同、家族構成不同的家庭，這些人統稱為「団地族」。另一種是企業蓋給員工住的住宅，稱為「社宅」（syataku）。我記得往昔有許多小說很喜歡描寫「団地族」和「社宅族」的生活樣式，現在則非常少見。

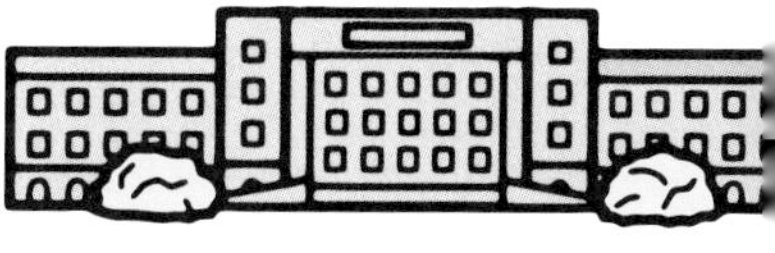

在我的印象中，「団地」是政府提供給中低收入居民的公寓型態住宅，一九五〇年代時或許是人們的憧憬，但到了下一代的「團塊世代」成家後，憧憬目標轉為郊區的獨門獨院房子。雖然日本的房地產即投資、地價絕不會下跌的「土地神話」早已崩潰，但對眾多老百姓來說，獨門獨院的住宅仍是他們嚮往的住居方式。

斜陽族
しゃようぞく
syayouzoku
斜陽族

這是一九四八年的流行語，源自日本作家太宰治（Dazai Osamu）的小說《斜陽》，指敗戰後因廢除華族令，導致往昔是貴族階層的人逐漸沒落衰敗，如同西下的太陽。日本政府於一八八四年制定華族令，一九〇七年再度改正華族令，讓那些舊公卿、舊大名、明治維新功勞者、大實業家等冠上公爵、侯爵、伯爵、子爵、男爵稱號。之後於一九四七年五月施行新憲法，同時也廢除華族令，因而這詞只能套用在七十歲以上的世代，而且只限一小部分人。

當時的華族雖身為貴族，卻並非每家都過著富裕的上流階層生活，實際能過著令人欽羨的貴族上流生活的人少之又少。據說有些徒有爵位稱號，家中卻清貧如洗的名門受邀參與皇宮晚宴時，偷偷帶回宮中晚宴的高價餐具變賣為金錢補貼家計，令當時的宮內省官員為了籌措宮中餐具費用而絞盡腦汁。

一九四七年當時，公爵十七名、侯爵三十八名、伯爵一〇五名、子爵三五一名、男爵三七八名，總計八八九名。廢除華族令時，日本政府顧及美國占領軍和世間輿論，沒有舉行任何儀式，因此昭和天皇非正式地召集住在東京和鄰縣的華族，宣布華族制度已終止。據記錄，這時進宮謁見天皇的華族僅有一七七名。

三種の神器

さんしゅのじんぎ
sansyu no jingi

三神器

一九五〇年代後半，黑白電視機、洗衣機、電冰箱被捧為「三神器」。這三種家電在當時是日本老百姓的夢想，

也是他們努力工作賺錢的指標。不過，真正有錢買黑白電視機的家庭不多，碰到人氣特旺的摔角節目時，左鄰右舍會聚集在有電視的人家門口，連說帶唱地一起觀看節目。二〇一九年四月三十日生前退位的上皇明仁，與美智子上皇后成婚的一九五九年，大眾為了看他們的婚禮，紛紛搶購電視機，之後才急劇普及，而最晚普及的三種神器家電是電冰箱。

一九六〇年代後半，三種神器演變為彩色電視、空調、汽車。也就是說，一九四〇年代出生的人於婚後最嚮往的家電正是彩色電視、空調、汽車。當時也因東京奧運會致使彩色電視暢銷一時，所以彩電最先普及，普及速度最慢的是空調。後來也出現各種「三神器」之說，卻不知為何，始終沒引起大眾青睞。二〇〇三年起，數位相機、DVD錄放影機、液晶大螢幕彩色電視再度登上「三神器」寶座。但二〇一〇年以後的今日則沒有任何「三神器」，房子、汽車、家電、空調、數位相機、數位彩電等，大部分的家庭該有的都有了，所謂的「神器」恐怕不會再出現。

附帶說明一下，「三神器」本來意指日本天皇所擁有的三件神器「八呎鏡」、「天叢雲劍」、「八尺瓊勾玉」，源自日本創世神話故事中的天照大神，之後，代代相傳，成為代表正統天皇的象徵。

一億総白痴化
いちおくそうはくちか
ichioku so-hakuchika

一億總白痴化

日本著名社會評論家大宅壯一（Oya So-ichi／一九〇〇－一九七〇），於日本電視黎明期的一九五七年二月，在某週刊雜誌發表了一篇針對當時的電視節目的批判文章，曰「就連電視也每天都在播放一連串的白痴節目。可以說，藉由收音機及電視機這種最先進的媒體機關，展開了一場『一億白痴化運動』。」

之後，日本社會派推理小說開創者松本清張（Matsumoto Seicho-，一九〇九－一九九二），在同一年八月，同樣針對電視媒體的未來，在「一億白痴化運動」這個詞中，多加了一個「總」字，形容為「一億總白痴化」，可見該詞在當時是個熱門用詞。其實，電視機在當時還未全面普及，電視台僅有三家，電視節目也不像現在這樣從清晨播到深夜，但獨具慧眼的大宅壯一從某些節目內容看出了端倪，認為電視是一種單向通行媒體，憑藉畫面和聲音讓收視者失去想像及思考能力，進而形成全民白痴化現象。

日本的總人口於一九六六年三月突破一億大關，二〇二〇年五月當下的數字則是一億兩千五百八十九萬多。但在總人口還未突破一億之前的一九四〇年，時任內閣總理

的近衛文麿（Konoe Fumimaro，一八九一—一九四五），在簽定《德日意三國同盟條約》發表演說中，便用了「一億一心」這個口號，意思是要全民團結起來引導日本軍隊戰勝。之後的一九四五年，敗戰已成定局，政府卻又號召國民來個「一億玉碎」，意思是要全體國民都成為特攻隊，必死抵抗，不舉白旗，集體自殺。

敗戰後，當時的內閣即大喊「一億總懺悔」，要全體國民負起戰爭責任，進行反省。然後是「一億總白痴」、「一億總中流」，最近的例子則有「下流老人（底層老人）——一億總老後倒塌」、「一億總疲憊社會」、「一億總貧困時代」，以及安倍內閣的「一億總活躍社會」，網路世界則有「一億總評論家時代」、「一億總批判時代」等，二〇二〇年的新型冠狀病毒肺炎（COVID-19）疫情又引發出「一億總自肅」、「一億總監視社會」、「一億總警察官時代」等新詞。

Miya 09

日本世代標籤

團地族、橫出世、低溫世代、乙男蟻女、蛇顏男、刀劍女、絆婚⋯⋯
昭和、平成到令和 START！

124 個看穿日本一世紀社會變化的世代標籤事典

（初版／乙男蟻女：106 個世代標籤，深入你不知道的日本）

作　者——茂呂美耶
責任編輯——林怡君（初版）　陳淑怡（二版）
版　權——吳玲緯
行　銷——何維民　吳宇軒　陳欣岑　林欣平
業　務——李再星　陳紫晴　陳美燕　葉晉源
副總編輯——林秀梅
編輯總監——劉麗真
總 經 理——陳逸瑛
發 行 人——涂玉雲

國家圖書館出版品預行編目（CIP）資料

日本世代標籤：團地族、橫出世、低溫世代、乙男蟻女、蛇顏男、刀劍女、絆婚⋯⋯昭和、平成到令和 START！124 個看穿日本一世紀社會變化的世代標籤事典／茂呂美耶 著．-- 二版．-- 臺北市：
麥田出版：家庭傳媒城邦分公司發行，2021.09
面；公分．--（Miya；09）
ISBN 978-626-310-060-2（平裝）
1. 文化　2. 日本
731.3　　110010569

出　版——麥田出版
104 台北市民生東路二段 141 號 5 樓
電話：(886) 2-2500-7696　　傳真：(886) 2-2500-1967

發　行——英屬蓋曼群島商家庭傳媒股份有限公司城邦分公司
104 台北市民生東路二段 141 號 11 樓
書虫客服服務專線話：(886) 2-2500-7718、2500-7719
24 小時傳真服務：(886) 2-2500-1990、2500-1991
服務時間：週一至週五 09:30-12:00．13:30-17:00
郵撥帳號：19863813　　戶名：書虫股份有限公司
讀者服務信箱 E-mail：service@readingclub.com.tw
麥田部落格：http://ryefield.pixnet.net/blog
麥田出版 Facebook：https://www.facebook.com/RyeField.Cite/

香港發行所—城邦（香港）出版集團有限公司
香港灣仔駱克道 193 號東超商業中心 1 樓
電話：(852) 2508-6231　　傳真：(852) 2578-9337

馬新發行所—城邦（馬新）出版集團【Cite (M) Sdn. Bhd.】
41-3, Jalan Radin Anum, Bandar Baru Sri Petaling,
57000 Kuala Lumpur, Malaysia.
電話：(603) 9056-3833　　傳真：(603) 9057-6622
E-mail：cite@cite.com.my

印　刷——沐春行銷有限公司
設　計——江孟達工作室

2011 年 9 月　初版一刷
2021 年 9 月　二版一刷

定　價——399 元
ISBN / 978-626-310-060-2　　ISBN / 9786263100619 (EPUB)